THE LOVE GUIDE BOOK

恋愛迷子に贈る

しあわせのコンパス

IN THE BEGINNING,

はじめに

続々と
先生！
彼氏ができましたーっ
マジっ？
彼氏を作り
続々と
結婚します
子供うまれます
マジで？
結婚・出産していきました
かくいう私もその一人で
なぜか皆男子ばかり産む
東村プロベビーラッシュに乗って男児を出産したのでした
ANNAさんの本は本当にすごい
そこには恋愛のすべてを超えて
人間関係のすべて
が載っているのです
ただ"デートがうまくいく！"とかではない、もっと人生全てにおいて役に立つ真理がつまってるというか
この本も"恋愛相談"というテイを取っていますが もうほとんど人生相談に近い
結婚の相談が話しているうちに親との確執の話になっていく回など生で聞いていてゾクゾクしました
そして毎度感嘆してしまうANNAさんの発言のするどさ迷いのなさ
相談者がポツポツと話すわずかばかりの情報から見事に真理をついてみせる そのトークスキルの鮮やかなこと！
これを間近で見られたというだけでもとても幸せで貴重な体験となりました
はーっ
それがこうして本になるなんて本当に夢のようです
どうか一人でも多くの方がこの本を読んで恋愛の沼、ひいては人間関係の沼から脱出できますように…！
ふぬぬぬぬぬぬ
ガンバーっ
さあ、一緒にANNAマジックを体感しましょう!!

A TABLE OF CONTENTS

もくじ

CASE

1

本命未満女子

今回の相談者は、アパレル勤務のさゆりさん（仮名・35歳）。誰から見ても美人なその外見からして、さぞかし幸せな恋愛をしているだろうな、と思いきや！ 実はずるずると続くセフレ関係にずーっともやもやしているご様子。彼女の抱えている悩みとは？

今の関係はマジックミラー！

セフレ・セカンドから本命に

記念すべき第1回目の相談者はサユリさん(35)
髪ツヤツヤ
アパレル勤務
いい女オーラ全開の美女
スタイルいい〜
しかし
友達以上恋人未満の男性と…
もう10ヵ月以上関係がありまして…
私の希望は正式に付き合って結婚したいんですけど…
美人…。
いわゆるセフレです…
でも彼に
君といるのは純粋に楽しいし好きだよ
キリッ
でも今は付き合うとか求めてない
って言われてー…
えーん
こんな人でもそんな目に…
悩んだんですけど〜…
それでもやっぱり好きでー…
この関係の方が彼の仕事とかが上手くいくなら
これをのんで付き合っていこうかなって思って〜…
THE都合のいい女

好きだけど、今は付き合いたくはない。その言葉の意味するところは一つだけ！

ANNA（以下A）　友達以上恋人未満の関係が10ヵ月くらい続いてる男性がいるんですね。

サユリ（以下サ）　今は、相手というよりも、自分と向き合いたくて、相談にきました。私は母子家庭で、父は妻子持ちだったんです。「未婚の母」の家庭で育って。特に母を否定しているつもりはないんですけど、最近、自分の気持ちを正直に掘り下げてみると、すごく結婚というものにこだわっていて「正妻になりたい！」ということを意識しているんだなと気づいたんです。なのに、すぐ結婚できないような相手を好きになってしまっていて……。

A　その方には恋人はいるんですか？

サ　いないです。

A　奥さんも？

サ　それもいないですね。独身なんですけど、私に付き合うほどの決定打がないのかなと。1年で2日くらいしか休みがないほど仕事が忙しい人で。彼的にはまだ、結婚は早いと考えているのか、今は束縛し合いたくないみたいなんです。

A　どのくらい深いお付き合いなんですか？食事だけではなく、肉体関係もあるんですよね？

サ　仕事的に外で会うのが難しい人なので、月に1回くらい、いつも彼の自宅で会っていて……。肉体関係もあります。

A　彼と、付き合うとか付き合わないという話題が出たことはあるんですか？

サ　一度だけあります。

A　それはいつ頃ですか？

彼はすごく忙しい人だってわかってるし…
尊敬できるし……
好きって言ってくれてるし…
束縛し合いたくないって言うから…
男性が正式に付き合わないのは
他にも女が
ズバーン
欲しいからです
THE恋愛マスターANNA
こっちもツヤツヤ
……ハイ……
そうだと思います…
今なら浮気でも何でもないし
自由ですもんね

サ　関係を持ちはじめて6ヵ月くらいの頃です。

A　そのときはどういう流れでそんな話に？

サ　彼に女の影が浮上して、そのことを聞いたときに「今は、付き合うとか束縛するような関係を求めていない」と言われて……。私も何も言えなくなってしまったんです。

A　男性が正式に付き合わないのは、**他にも女が欲しいから**です!!　少なくとも、**まだまだ女を探したい**んです。

このままそばにいれば関係は変わるかも？　その希望は幻想です！

A　サユリさんの希望としては、彼と正式に付き合って、できれば結婚したいんですか？

サ　はい……。

A　最初のお母様の話とも関わってくるかと思うんですけど、結婚にこだわるのか、彼にこだわるのか、という話なんですよね。〝どうしても結婚したい〟が優先なら、彼じゃなくて、結婚して幸せになれる他の人を探した方がいいわけですよ。

サ　そうですね。ただ、彼と決着をつけないと次に進めないような気もしてて……。最近は前より冷静に彼のことを見て、ちゃんと現実を見るようにしています。バカだな自分と思うし。

A　その、バカだと思いながら、彼との関係をやめていないのは、やっぱり好きだからですか？

サ　彼の生き方を尊敬してるんですよね。彼といたら、自分の人生山あり谷ありになるんだけど、すごく成長できるだろうなとか。彼の生き方をずっとそばで見ていたいなとか。人間としてもすごく好きなんですよね。

A　うーん、なるほど……。それは、そばで見ていなきゃダメなんですよね？　そばで肉体関係を持ちながら彼を見ていないとダメなんですよね？　人としてだったら、友人とかいろんな関係があると思うんですけど。

サ　あー……そうですね。彼の子供が欲しいと思っちゃうんですよね。彼の仕事をサポートしながら家を守りたいとか、そういう風に思っちゃいますね。肉体関係というより、もうそっち……。

A　このままずっとそばにいれば、彼の子供を産んで、近くでサポートできるかもしれないという希望を持っているから、そこから離れられないということですか？

サ　そうですね……。あと、彼が海外での仕事も多くて忙しいので、外でゆっくり食事をする時間も取れないみたいで。なかなか仲が深められないんです。外では本心で話してくれないので。だから日本にいて、彼の家で二人で会える時間に少しでもお互いをもっと知っていきたい！と思うんです。

A　お互い……。彼もですか？　**彼も、サユリさんを知りたいと思っていますか？**

サ　いろいろ聞き出してくれたりはします。私の家族のこととかは聞き出してこないので、まだ結婚相手としては思ってくれていないなと思うんですけど。高スペックな人だから、近寄ってくる女性に対する警戒心も強いのかなって。でも最近は彼も少し変わってきて、私も一緒にいるとポジティブになれるようになってきたんです！　彼が、私のことをもっと知ってくれないと、結婚相手としての判断もしてもらえないんじゃないかなあと思っていて……。

A　……今お伺いした範囲で言いますと、彼はもう、**「サユリさんを彼女にしない」って判断してます。**恋愛って、**相手を楽しませている方が手綱を握ることができる**んですよ。

恋愛は、相手を楽しませている側が主導権を握ることができる

A　たぶん、彼ってお聞きしてる限りだとコミュニケーション能力が高い人で、サユリさんとの恋愛において、**彼が手綱を握っている**んですよ。サユリさんは、彼の手綱に操られているというか。彼が結婚したいと思えば結婚する。付き合いたいと思えば付き合う。付き合いたくないと思えば付き合わない。全部彼が決めてますよね？　サユリさんが決められない立場。

サ　そうですね……。

A　じゃあなぜそうなってしまうのか？　というと、恋愛って、楽しませている側が決められる、手綱を握れるんですよ。この恋愛においては、たぶん、彼がサユリさんを楽しませたり、助けてあげている部分が多いんです。サユリさんが**彼を、すごく楽しませて、すごく助けてくれる貴重な存在**だったら、もうとっくに付き合いたいと思っているはずです。だって、貴重な人は失いたくないから。彼

はコミュニケーション能力が高い。つまり、いろんな人を楽しませることができるんです。女性だけじゃなく、友達とか仕事とか、いろんな人を楽しませる側なんです。そうなると、いろんな人が彼を必要とする。みんながいろんなことを彼に話すと思うし、いろんな人が彼のまわりにいるようになる。コミュニケーション能力が高くて、人を楽しませることができる彼は、人と接していて相手のことを「この人はこういう人だな」とわかる人なのだと思います。でも、こっちが彼をわかることが、意外と難しいんですよ。今の二人の関係は、マジックミラー状態なんです。

結婚相手になりたいのなら、彼に必要とされる存在になるために全力を尽くして

A　私が思うのは、そーゆー男が1匹いてもいいんじゃないの？っていう（笑）。彼は尊敬できる、ぶっちゃけ格上の男なんですよね？　月に1回ぐらいの頻度なのであればいいんじゃないですかね？　相手に奥さんがいるわけでもない、誰にも迷惑かけてない。自由なわけですから。

サ　自分が深入りして辛《つら》くならないのであればということですか？

A　深入りって言っても、月に1回しか会えないわけですし、ちょっとした気晴らしのような気持ちで、いかがですか？　結婚願望があるなら、本当はこんな恋愛してる場合じゃないんですけど、さゆりさん、今離れるのは無理ですよね。だったら離れたいと思うまで、そばに置いておくしかなさそうですよね。

サ　他も見つつ？

A　もちろん。自由じゃないですか。**彼が自由にしている分、こっちだって自由**ですから。「好きな人とたまにやれてラッキー！」ぐらいでいいんじゃないですかね（笑）。この状態でできることは、二つしかないですよ。一つ目は、「もう耐えられない。正式に付き合って。**付き合えないなら会わない**」と彼に言って、実際にそうする。二つ目は、**今のままの関係を続ける**。そして、今現在サユリさんは、すでに二つ目の選択をしているわけです。

今はマジックミラー状態ですね
彼の方からサユリさんは見えてるけどサユリさんから彼は見えない
この状態の限り彼が付き合いたいと思うことはないです

サ　なるほど……。

A　まだ何か、もやもやしてますね？

サ　彼との結婚をゴールだとしたら、どっちが賢明な選択だと思いますか？　ANNAさんが言うには、彼はもう私とは付き合わないと判断しているということですよね？

A　少なくとも今の段階では判断していると思います。サユリさんが彼の役に立っている、彼を楽しませてるのは、月1回程度ですから。会うペースは人によるので言い切れませんが、必要な存在だったら、彼はもっとサユリさんと会っているんじゃないかと思いますよ。もっと彼に必要とされる人になりたいのであれば、受け身ではなく、**どうしたら彼を楽しませられるか、どうしたら彼を助けることができるか**を真剣に考えて、それに邁進《まいしん》する。仕事が第一の人間なのであれば、彼の仕事で役立つ人間になる。**自分を手放せなくなるようにする**んです。それに何ヵ月か全力で取り組んでもそんなに彼を助けられず、彼も変わらないのであれば、もうそれは、奥さんとして選ばれるはずはないので無理だなって思います。

サ　……わかりました。

A　今のサユリさんの地位から、正式な彼女や奥さんを目指すなら、**待ちの姿勢とか、受け身、彼まかせの気持ちじゃダメ**です。と言っても、連絡をどんどんしろ、という意味ではありませんよ。それは彼の気持ちを見ながらです。どうやったらこの人の役に立つか、どうやったらこの人が楽しめるか。どうやったらこの人は幸せになるか。奥さんになりたいのなら、そういうことを考えて、ちゃんと実現するのが一番の近道なので。

サ　食事を作って彼の健康面を気遣ったりとかはしてたんですけど……。

A　それは、彼が心から喜ぶことですか？　彼が

喜ばないことは、カウントされないんですよ。**基準は、自分がしてあげたいことではなく、彼が喜ぶか、喜ばないか**だけです。たとえば、相手が女性に振り回されることに喜びを感じるなら、彼を振り回すことが「尽くすこと」なんです。彼自身が気づいていなくても、本当は冷たくされたい、放置されたい、誘いを断ってほしいかもしれないんです。**自分の都合や見方を１００％捨てて、相手が本当に喜ぶツボを見つけてください。**

サ　わかりました。がんばってみます。

今回のまとめ

1

彼まかせの姿勢はNG。
どうやったら彼にとって
必要な存在になれるかを
考えて、**全力で実行**する。

2

自分がしてあげたい
ことではなく、**相手が本当に**
喜ぶツボを見つける。

3

結婚願望があるなら、
付き合ってもくれない人に
かける時間はない。
彼1本に絞らずに
他の男性と出会い続けて。

ANNAさんの一言

ANNAさんの
言葉の切れ味と
テンポの良さに感動！

片思いの恋愛（セカンド、セフレなども含む）において、「いつか逆転サヨナラホームランがあるかも」と考えてしまうと、いつまでもその関係に見切りがつけられず、年単位で続いてしまうことも。自分に対する相手の気持ちを正確に把握することは、とても重要です。「こうだったらいいな」とか「こうなってほしい」という「願望」と、「実際はこうである」という「現実」を分けて認識できると、恋愛や結婚の成就率は飛躍的にアップしますよ！

A SEQUEL

本命未満女子・サユリさんの後日談

ANNAさんとお話しして、彼と私の現在の距離感というものを俯瞰《ふかん》して見ることができました。それまでを振り返ると、現実を直視するのが少し怖かったのかもしれません。

その後、相談したときの彼とは一度距離を置いた時期がありましたが、この春に入籍をいたしました。現在は彼の転勤で海外で暮らしています。

ANNAさんにいただいたアドバイスを参考に、まず状況把握をして、彼との関係を見直すことができました。私がしたいことではなく、相手が本当に喜ぶことを軸に行動できたことが良かったのかもしれません。

CASE

夢見る妄想女子

今回の相談者は、出版社勤務のカナコさん（仮名・28歳）。パワフルで元気な彼女は、当然、恋にも猪突猛進で突き進むのかと思いきや！なんと好きな相手と最後に会ったのは1年前で、それからどうしていいかわからないまま思い続けているだけなんだとか。彼女の抱えている悩みとは？

無理めの男を落とすには、
ガードがゆるい“裏門”を探すべし！

2人目の相談者カナコさん(28)の恋の相手はズバリ
早口元気な編集者
ちょっとムリめの有名人!!
あたし趣味で観劇するんですけど
ある劇団の俳優さんが好きで
2年くらい普通にファンとして観てて
そしたらある時
私の友人が彼と知り合いだってことが発覚したんです!!
それで友人づてで2回、皆でゴハンしてる場で彼と会って話もできて
なんかだんだん本気で好きかもみたいになってきちゃって…
でも何となくファンってことは隠して会ってしまったので
たまにみますよ~
めっっちゃ好きやっちゅーねーん!!
ツーン
最後に会ってからもう1年たってしまったんですけど
近付き方がわからないんです!
相手は一応有名人
だし…!

「有名人だから……」という悩みはムダなだけ。問題の本質はそこではない！

A　なるほど、劇団の俳優さんを好きになってしまったんですね。

カナコ（以下カ）　はじめは本当に、ただのファンでした。彼とは2回一緒に食事をしたんですけど、それが結構、ざっくばらんな場で、彼のプライベートな一面を見ることができて、それから本当に好きだと

思うようになったんです。でも、個人的に仲良くはなれずにその場は終わり、どうしていいかわからないまま、もう1年経ってしまいました。でも、好きなんです!!　どうすれば彼に近づけるんでしょうか!?

A　現実の男性として好きになったのは、実際にお会いしてからだということですね。

カ　でも、ただ舞台を見ていただけのファン時代も、かなり彼に気持ちが惹き付けられていて、当時付き合っていた彼氏への思いはどんどん冷めてしまいました。結局、寝言で彼の名前を言ってしまったことがきっかけで浮気を疑われ、疑惑を晴らすのが面倒くさくなって別れちゃいました。彼とはまだ会ったこともない段階だったんですけどね。ちなみにそれからずっと彼氏はいないです。

A　話を整理すると、ファンとして舞台を見ていたのが約2年。3年目に、彼と友人を交えて食事

を2回した。最後に食事をしてからはもう1年経っている。合計3年とちょっとですね。

カ　そうですね。結構長いな……。

A　そして、この先どうすべきかわからないと。

カ　はい。私を彼に会わせてくれた共通の友人は、まだ彼とも友人としてつながっているんです。友人にもファンだと言っていないから会わせてほしいとも言えないし。芸能の仕事をしている人が相手なだけに、もうどうしていいかわからなくて。

A　カナコさんのご相談のポイントは、〝相手が有名人〟というところだと思います。その彼が、たとえば会社員だったら、どうですか？　食事会で知り合って、カナコさんがいいなと思った男性で、そしてその人が友人の知り合いだったら。何か今の悩みが変わりますか？

カ　うーん……。変わると思います。……いや、どう近づけばいいかわからないっていう意味では、

悩みは変わらないかもしれない……。

A　そうなんですよ、つまり、問題はそこじゃないんです。なのに、相手が有名人だと思った瞬間に、「無理だよな」と、ただ思考停止しちゃっているだけなんです!!

カ　目からウロコです……！

A　多くの女性がその思考停止に陥っています。勝手にレッテルを貼ってしまっている。でも、突き詰めて考えれば、**相手が有名人だろうが会社員だろうが、同じ**なんですよ。

俳優としての彼と、
男性としての〝素の彼〟。
そこを区別できれば成功率が上がる！

カ　でも、自分の中で、会うまでに勝手に盛り上がっていた2年間が重すぎて、これが合コンとか

で会ってちょっと気に入った人とかなら、「ちょっくら行ってみるか！」的なノリでチャレンジした結果フラれても大丈夫なんですけど、彼には……。それまでに培《つちか》ってきた自分の中でのその人への思いがあるだけに、下手に行動に出て拒絶でもされようものなら、もうどうしていいかわからないんです。

A　はい、すごくわかりますよ。でも、**物事には、“内側の問題”と“外側の問題”というものがあって、そこは分けて考えなければいけないんです。**「拒絶されたらどうしよう」っていう気持ちは、自分の内側の問題です。そして、「ベストを尽くすにはどうしたらいいのか」っていうのが自分の外側の問題。**外側の問題を淡々とやって上手《うま》くいくた**

めの最短距離を行くのが本当はベストなのに、そこに「でも傷ついたらどうしよう」「でも……」という内側の問題を入れてしまうと、何もできなくなってしまうんです。

カ　なるほど……確かにそうですね。

A　会社員であろうと有名人であろうと、男性としての本質は同じです。私の友人も、すごく好きだった有名アーティストと付き合ったんですが、付き合ってみたらただのオヤジでしかなかったと言って別れていましたから。男という意味では同じなんですよ。それがわかった瞬間に、ものすごく成功率が上がるんです。

カ　有名人だからどうこう……といったことは考えなくていいということですね。

A　**「憧れていたあの人だから」と勝手に自分から遠ざかって相手を祭り上げてスターにしちゃう、というのは恋愛成就にとっては本当に害でしかありません。**もちろん、葛藤《かっとう》はあって当然なんですよ。ファンとして見ていた彼への夢を失いたくない気持ちと、現実の彼に近づきたい気持ちは、矛盾していることなので。近づくと絶対に、多少幻滅はするんです。**彼だって、オナラもするし足もくさい。**それが見えてきてしまうわけですから。

カ　改めて考えると、別にもう、夢は失ってもいいんです！　とにかく現実の彼に近づきたい。だって、幻滅しているってことは、そのとき自分は嫌いになっちゃってるってことですよね。

A　そうです、そうなんです！　ただ「あの夢よ、さようなら」ってなるだけです（笑）。そこの意識が定まると、一段階、次元が上がりますよ。

彼に近づく第一歩は、ガードがゆるい〝裏門〟を見つけることからはじまる！

カ　彼に近づくためには〝内側の問題〟を捨て去るのが大事ということは理解できたんですけど、それで、どうしたらいいんですか？

A　はい、では、外側の問題の話をしましょう。さっき話したとおり、有名人というレッテルを貼った瞬間、生身の男としての彼が見えなくなってしまうというところがあるんですけど……。では、逆に、普通の会社員と、有名人の違いを、一度ちゃんと考えてみましょう。何が違いますか？

カ　……愛をもらうことに慣れている？　ファンという存在に支えられているというか、チヤホヤされ慣れているというか。舞台俳優って、出待ちとかでファンと触れ合う機会も多くて、それを見ていると、単純に「モテるだろうな」と思うんです。

A　まぁ普通の会社員よりもモテるでしょう。そしてまわりに、女優やモデルや可愛いファンなどもいっぱいいます。でも、そこで「だから無理」と思考停止してはダメ。そういう人たちは、会社員に比べて、弱い部分もあるんです。**弱み、ウィークポイントを突けばいい。**それは、会社員の人よりも、

ものすごく孤独だということです。

カ　孤独……。

A　たくさんのファンやいい女に囲まれている。だけど、彼の職業は特別で、結局は彼が外に見せているペルソナ、彼が外向けに作っている〝彼〟に惹《ひ》かれている人がほとんどで、生身の、ただの男としての彼をいいと言ってくれる人は、果たして何人いるのかと考えたときに、実は会社員の人と変わらないくらいの人数だったりするんですよ。**俳優としての彼を好きということは、大勢の兵士が守っている分厚い正門を無理やり突破しようとしているようなもの**です。「ファンです」とか、「あなたの舞台たくさん見てます！」とか。そのアプローチは正門から入ろうとしているもので、そこにはいっぱい人が押し寄せてきているから、警備も厳重です。でも実は、勝手口である裏門は、意外に簡単に開けられる鍵しかかかっていなかったり

するんですよ。あるいは、鍵すらかかっていなくて彼自身も「誰かここから入ってきてくれないかな～」と思っている可能性すらある。

カ　裏門……ありますかね？　裏門……。

A　**どんな人にも、必ず裏門がある**んです。たとえば、カナコさんは舞台鑑賞が好きですよね？　男性から仕事での成果を褒められてアプローチされるのと、好きな舞台の話を一緒にできるのとでは、どちらが早く仲良くなりますか？

カ　なるほど!!　仕事について褒められるより、「俺も舞台よく見るよ」と言われた方が相手に圧倒的に興味が湧《わ》くし、すぐに仲良くなれる自信があります。それが私の裏門なんですね。

A　そう。カナコさんの場合は、仕事が正門で舞台鑑賞が裏門だった。でも、人によっては仕事が裏門かもしれませんけどね。要は、〝**素のその人と通じ合えるかどうか**〟なんですよ。正門の彼は、仕

事上で作っている彼。裏門は、素の彼。素の彼と通じ合える人、素の彼を理解できる人は、少ないんです。しかも、有名人は、プレッシャーをわかちあえる仲間が会社員より少ないことが多いから、その数少ない理解してくれる人は、非常に貴重な人となれる。だから、**彼をとにかく研究して、何が彼の裏門なのかを見つけることが、攻略の最短距離**になるんです。

カ　彼のプレッシャーを理解できる人となると、どうしても、同じ職業とかじゃないと難しいんじゃないかと思うんですけど……。

A　大丈夫です。同じ職業じゃなくても、裏門から入る方法は必ずあります！　それでは次に、具体的に何をしたらいいのかをお伝えします!!

今回のまとめ

1

「有名人だから無理」は
思考停止してるだけ。
「相手もただの男」という
意識を常に忘れずに。

2

ガードが堅い**正門**からの
アプローチは難しい。
彼が心を開く
裏門を**見つけて。**

3

「内側の問題」と
「外側の問題」を区別して。
「内側の問題」に
とらわれてはダメ！

そんな無理難題
…と思いきや、的を得ていてすごい…！

ANNAさんの一言

有名人が好きだというご相談をたくさんいただきますが、相談者は当然テレビやステージで見る、その素敵で特別な人に近づきたい、手に入れたいと願っているわけです。しかし皮肉なことに、「特別な人」という幻想が消えて、「彼も、自分の父親や興味のない男友達と同じ、ただの男だ」と思えるようになればなるほど、その恋愛が成就する可能性は高まるのです。

CASE 2 / 後編 /

有名人を好きになってしまい、どうしたらいいかわからなかったカナコさん。ANNAさんからのアドバイスで、思考停止状態は解除された模様。これから彼との仲を深めるにはどうしたらいいのか？ 今回はより実践的な方法をANNAさんに学びます！

彼とのつながりがまだ何もないのなら、行動をためらう必要はない。思いきってアタックして！

A　カナコさんの友人が、彼と友人なんですよね。彼と直接コンタクトをとることはできないのですか？

カ　はい、そうですね。友人を通じてしか、彼とはつながれないです。

A　彼のSNSなどからコンタクトをとる、とかも難しいですか？

カ　SNSは事務所的にまだダメみたいで……。

A　なるほど、わかりました。ちなみに、カナコさんの友人と彼は、どのような関係なんですか？

カ　友人が、彼の仕事に関係する職業で、仕事を一緒にしたことがきっかけで、直接連絡をとる関

係になったみたいです。といっても、友人自体、そんなに頻繁に彼と会っているわけでもないみたいなんですけどね。半年に1回くらい彼から連絡が来て、その流れで会うことになり、でも二人きりで会う間柄でもないからと、何人か人を交えてご飯をするみたいです。私が彼と会った過去2回のご飯もその流れで、友人に誘われてご飯に行ったら彼がそこにいたっていう感じでした。

A　カナコさんが彼と会ったときはどのような振る舞いをしたんですか？

カ　ファンだということは一切出さなかったの

で、すごく普通な感じです。あなたのことは知っているけど、それは私が趣味として舞台が好きで、いろんな舞台を見ているからというだけですよ、ぐらいの。というのも、なんとなくですけど、彼はファンと仲良くするようなタイプではなく、ファンだとわかった瞬間、心のシャッターを下ろされてしまうだろうなと、私の野生のカンが告げていたんです（笑）。だから、ファンレターを書いたり、出待ちしたり、いわゆるファンとして彼と触れ合ったことは一度もないんです。でも、だからこそ、友人に「また会いたいから次ご飯するとき私も誘ってよ」と言えなくて。ファンだということ、好きだということがばれてしまうので。

A　いや、言っていいと思いますよ？

カ　えっ？

A　友人には、「また誘って」と言っていいと思います。というか、**現状、それしかルートがないわけですから、そこからつなげていくしかない**ですよね。もし私だったら、友人に、「また会ってみたい、話してみたい」ってはっきり言いますよ。で、友人から彼に、「あなたに興味があるんだって」と伝えてもらいます。

カ　でも、それだと、警戒されてしまいませんか？

A　伝え方を間違えなければ大丈夫なんですよ。友人が信用できる人なら、好きでどうしても会いたいと正直に話して協力してもらう、という方法をとる場合もありますけどね。絶対にしてはいけないのは、彼に「好きで好きでしょうがない」「夢中で思い詰めている」というニュアンスが伝わってしまうことです。それは絶対ダメ。

カ　でも、会いたいと伝えている段階で、好きだということはバレてしまうんじゃ……。

A　**好きな役者として興味がある、恋愛ではない好意がある、というニュアンス**なら大丈夫なんです。たとえば、「実は、舞台を見ていて彼の演技に心を動かされることが多くて、どんな役者さんなのか前から興味があった」とか。キャーキャー言って目がハートになっているのではなく、**〝人としての興味の持ち方〟をしているところがポイント**なんです。有名人に対して目がハートというのは、一般的には、一番分厚い「正門」からのアプローチ方法だから、守りが堅くて中に入りにくいんですよ（正門については26ページ）。彼があまり有名でないとか、有名でもモテないとか、自分が彼のドストライクの美女とかなら話は変わってきますが。カナコさんの友人も、目がハートじゃなかったから彼と友人になれたのではないですか？

カ　確かにそうです。なるほど……。好意を隠さなきゃってことを意識しすぎていたのかも。恋愛じゃない好意なら、出してもいいんですね。

A　ええ、大丈夫です。目線が彼と対等なので。あ

と、もし彼のコアな趣味とかを知っていたら「**私も同じ趣味で、ぜひ趣味仲間として語りたい！**」というところから攻めるのも、とても効果的ですよ。彼の裏門の可能性が高いからですね（裏門については26ページ）。

カ　でも、友人も彼と、そんなに頻繁に会っているわけではないので、「次に会う機会がまためぐってきて、ジョインさせられそうだったらするよ〜」くらいしか言われない気がするんですよね。

A　いいじゃないですか。現状はその友人からしかつながれないわけですから、可能性が低くてもチャンスがくるように種はまいておかないと！

カ　そうですね。すぐに友人に話してみます！

A　これまでに2回会っているわけだから、また次、3回目に会える可能性はあると思うんですよ。ただ、もうすでに彼に3年も費やしているので、このペースだと、いつのまにか5年、10年と

経ってしまってもおかしくないですよね。だから、次に会えたときは、もうラストチャンスだと思って。**思いを成就させるために、連絡先を聞いて、「二人で会おう」と誘うなどの具体的なアクションを起こした方がいい**と思います。カナコさんが、彼とは仲が良い友人で、下手にアクションを起こしてその関係を壊したくない……という状態なら話は別なんですけど、今のカナコさんと彼の間には、まだ何の関わりもない。つまり、**失うものは何もない**わけです。だったら、アタックしてダメだったとしても、今の状態と別に何も変わらない。つまり、今以上に状態は悪くなりようがない。むしろ**アタックすることで、なんらかの進展をする可能性は1%でも出てくる**わけですから、アタックしましょう！

カ　確かに、私には失うものなんて何もない！

A　アタックしてみて、「あーこれ、恋人どころかセフレも無理だわ。女性として相手にされようがないわ」

間違ったらいけないのは
〝伝え方〟です!!
ビシ
すごい好きで〜 彼氏とも別れました〜♡
超会いたいです〜♡
ハイこれは×!!
ブー
舞台で見てて好きな役者さんです！
お芝居に対する考えとか聞いてみたいんです！
ハイこれが○!!
ピンポーン

と自分が理解できたら、諦めもつくはずです。そのときは、ふっきって次に進んでください。

カ　わかりました！

3つのポイントを押さえることで、彼が〝素の自分〟を出せる相手になろう

A　さて、また彼と会うことができたときに彼と仲を深めるための方法を、お伝えします。人の心をつかむには、3つのポイントがあるんですよ。その3つを押さえれば、相手の心を開くことができるんです。心を開くということは、心の防御がなくなるということで、彼の深いところに入れます。

まず1つ目のポイントは、「**受容**」。**相手が何を言っても、何をしても、すべて受容する。受け止めて、同意してあげる。**これって、簡単なようで、なかなかできないことなんですよ。たとえば、彼氏が

自分に優しい部分は受容しても、自分より仕事を優先したり、連絡をくれなかったりする部分は受容せず、つい文句を言ってしまう。人は無意識のうちに、受容することと、受容しないことを選んでるわけです。でも、そこを意識的に、全部、すべて受容する。それこそ、連絡をくれなくても、文句なんて言わずに受け入れるんです。そうすれば、「この人の前では本当の自分をなんでも出せる」と相手が感じるようになるんです。

カ　なるほど……。

A　2つ目のポイントは、「**理解**」です。**彼が伝えたいこと、話したいことを正確に理解すること。**たとえば、彼が自分の仕事の悩みを話してきたときに、彼がどうしてそう悩んでいるのかという、〝感情と思考の経路〟を理解して、同意してあげること。ただ「うんうん」とあいづちを打つだけではなくて、あなたがそう感じる理由がよくわかる

よ、ということが相手に伝わることが大切なんです。それがないと、「本当にわかってくれてるのかな」と思われてしまう。**人って、「この人は自分を正しく理解してくれる」「自分を正しく理解しようとしてくれてる」と思うと、他人になかなか言えないことも打ち明けたくなる**んです。

カ　それは確かに、自分でもそうなると思います。

A　3つ目のポイントは、**「無欲」**です。会えるだけでうれしい、会えなくても彼が幸せになってくれれば、それでいい。要は、**〝見返りを求めない〟**ということなんです。愛されたいから、付き合いたいから、結婚したいからではなく、**自分の欲は抜きで純粋に助ける、応援する**、ということですね。彼にしたら、そんな人はまずいないので、あなたは貴重な人なんだとじわじわと認識されます。

カ　なるほど。でも、その3つができる人って、菩《ぼ》薩《さつ》というか、私のような普通の人間には無理なことのような気がするんですけど……。

A　はい、そんな人になんて、まずなれません。にんげんだもの（笑）。でも、**演技でいいから「相手からそう見えればいい」んです！**　カウンセラーなどの仕事をしている人は、この3つのポイントを押さえていますよね。だから、カウンセラーには心を開くし、少し依存しちゃう人も出てくるんです。

カ　あ、なるほど、確かに……！

A　コツは、彼と接しているときは、自分の感情の動きを観察しながら、この3つのポイントを意識することです。たとえば、1の「受容」でいうと、ちょっと「ムカッ」とくることを言われても、そこでイライラして感情的なまま言葉を発するのではなく、冷静に、「キター！　よし、受容しよう」と気

持ちを切り替えて、「そっか、あなたはそう思ったんだね」と言う。そうしていくうちに、身についていくと思いますよ。

カ　自分の感情を客観的に観察して、切り替えるんですね。理解できた気がします！

A　ただ、注意してほしいのは、彼の話に同意しっぱなしだと、「気に入られたくて合わせてるだけ？」と思われて、会話の手ごたえもありません。私の経験則では、**多くの男性は、10回に1～2回ほど反論されるのを好む**という傾向があります。

カ　なんとなく、わかる気がします（笑）。

A　反論といっても単なる否定ではなくて、自分の意見とか質問……スパイスのような、彼が、「あ、いいポイント突いてくるな」と思うような意見を言えることです。**彼が「この女性は手ごたえあるな」と喜ぶ反論をできる人が、本命として選ばれる傾向がある**ので。話の内容を楽しんで、

乗っかっていく感じ、わかります？　10回に1～2回というのはあくまで例なんで、そこのバランスは実際に会ってみて、彼がどのぐらいを好むか、トライ&エラーしていくしかないですけどね。

カ　難しそうですが、トライしてみます！

A　こうやって一気に聞くと難しく感じると思いますけど、本番まで時間はたくさんありますよね。これから人と話すときにどんどん練習してみてください。スマホの操作とかと同じで、要は「慣れ」です。コツがつかめればカナコさんの雰囲気も変わるはずですし、彼から見て「もっと話したい人」になるはずです。次につながる可能性もぐんと上がります。

カ　はい、がんばります！

私……そんな……悟りきった人間になれる気がしないっす…
そりゃそうですよ～
なれないなれない
ハハハ
だから演技でいいんです！
〝彼からはそう見える〟ことが大事なんです！
ボサツの仮面
かぶっちゃお♡

「本気で好き」の〝本気〟ってなんだろう？　一回立ち止まって、自分の気持ちを見つめてみて

A　あと、もう一つ……。今更ですが、気になったポイントがあるんです。カナコさんは、彼のことを好きになってしまったんですよね。

カ　はい。

A　本気で。

カ　はい。

A　本気で好き、の、「本気」ってところにツッコミを入れたくて。本気で好き、ということを、〝すごく情熱がある状態〟だと思っている人が多いんですけど、それは違うんですよ。

カ　えっ？　んっ？

A　**強い情熱＝本気ってわけじゃない**んです。

カ　……私は、本気で、好きなのかな？（小声）

A　これまで聞いてきた話だと、正直、「すごく強くファンである」という状態。憧れている、夢見ている状態でしかないのかなと。2回会っただけで、しかも2人で会ったことはなくて、まだ彼の本当の人となりがわかっていないと思いますし。たとえば、2年間同棲《どうせい》して、彼の悪いところも見えてきて、それもひっくるめて好きだったりしたら、本気で好きということだと思うんですよ。

カ　それは確かにそうですね……。

A　**本気って、もっと、静かで深いもの**なんです。今のカナコさんは、すごくはしゃいでいるだけなのかなって。「あの人いいな、好みだな」というのは、好きということではないですからね。今は気持ちが盛り上がりすぎちゃっているのかな？と。

カ　そうですね……。最後に会ってから、勝手に盛り上がりすぎているかもしれないです。

A　**会えないからこそ幻滅もしないので、実態よりも彼がどんどん理想化されてしまって、大きいものになっちゃっている**んだと思います。〝わたあめ〟みたいなものですよね。その実態は、実は小さくて茶色いザラメなんだけど、もう白くてキレイなわたあめが広がりすぎちゃっているっていう。なので、もちろん彼への気持ちはあるわけだから、全力でベストを尽くすのはいいんですけど、同時に、ほかの男性も見てみることが必要かなと思います。今はたぶん、彼ばかり見て、良さそうな人がいても見逃しちゃっていることも多いんじゃないかと思うので。

カ　もっと広い視野を持った方がいいということですね。……でも、ザラメ（リアルな男性）に魅力を感じなくなっちゃったんですよ！　舞台俳優なだけに、一方的に見に行けてしまうので、なかなかしぼまないんですよ、このわたあめ（笑）。

A　まあね。それもわかりますけど、もう3年費やしてきているわけですから。繰り返しになりますけど、彼と実際にまた会えるように全力でベストを尽くしつつ、一応ほかの男性も見てみるということは、頭においてみてください。その方が彼と会えたときも上手くいく確率は上がりますよ。

本気って強い情熱ではないんです
もっと静かで深いものです
わたあめばっか見てないでザラメも見なさい!!
わたあめだけじゃ生きていけないんだよ!?
……ハイなんかすんません!!

今回のまとめ

1

相手の心を開くには、
「受容」「理解」「無欲」の
3つを押さえること。
手ごたえを感じさせるには
適度にスパイスを入れてみて。

2

チャンスをつかむための
種まきを念入りにしつつ、
機会を待って。**機会が来たら**
アクションあるのみ！

3

「本気で好き」とは
「強い情熱」のことではない。
お互いの**悪いところも知った上**で残る、
深くて静かな気持ちだと知ろう。

本質的なものがある
言葉に、ドキッと
しながらも感心！

ANNAさんの一言

今回は相手が有名人でしたが、一般の恋愛相談でも、こういう内容のご相談は多いです。幻想に恋し続けていたくないならば、相手と接触を持って「現実」を動かすしかありません。そしてもう一つ。付き合いたてでお互いを理想化している時期には、多くの人が無意識に「受容･理解･無欲」な人を演じているものです。

A SEQUEL

夢見る妄想女子・カナコさんの後日談

「物事には自分の内側の問題と外側の問題がある」というアドバイスを聞いて、それまでは、自分の内側の悩みに囚われて自信がないから踏み出せないことも多かったけど、まずは外側の問題である「今何が起こっていて、私はそれに対してどう行動するのがいいのか」に目を向け客観的で前向きな考えができるようになりました。恋愛では、彼は何に興味があり、どんな話に食いつくのかな？と下調べをするなど、戦略的に動けるようになったかな（笑）。相談した劇団員の彼の「心を許す裏門」を探して近づくことは、そこそこ成功して何回かまた会えたんです！　でも、距離が縮まると私の中の気持ちがスーッと落ち着いてしまって。ANNAさんに言われたように、「本気で好き」ではなかったのかなぁ。もちろん今でも舞台人としての彼は大好きですが、ファンとして見ているのが自分には合っているな、と実感しました。今は、同じ会社で気になる人ができたので、その人と距離を縮めるべく、ANNAさんに教えてもらった「人の心をつかむ3つのポイント」を実践しています！

実は、恋愛以上に役に立ったなぁと思えるのが仕事です。ベストな最短ルートを考えるクセがつき、以前より決断のスピードと質が上がったと上司にも褒められたんです！　恋愛相談の嬉しい副作用でした。

彼はもう
スパコーン
判断してますよ

CASE

3

復縁もくろみ女子

今回の相談者は、広告会社勤務のマナミさん（仮名・31歳）。一見クールにも見える外見とは裏腹に、8ヵ月前まで付き合っていた彼氏のことが忘れられず、復縁したいとモヤモヤしているのだとか。マナミさんがANNAさんから学ぶ、復縁テクニックとは!?

カップルも必見！
5つの“愛を伝える言語”を再確認

今回の相談者はマナミさん(31)
テーマはズバリ〝復縁〟です！
2年くらい付き合ってて
半同棲だった彼氏がいたんですけど・・・
すごい忙しくて余裕がなかった時に彼を試す感じで
別れたい
って言っちゃって…引き止めて欲しくて言ってたのに本当に別れることになっちゃったんです
本当は別れたくなかったので3ヵ月くらいして戻りたいって伝えたんですけど
別れたいと思ってなかったらアレは言っちゃダメでしょ
俺も一旦別れるって言ったんだからもう戻れないよ
って言われちゃって・・・
諦めようと思って他の人と遊んだりもしたんですけど・・・
やっぱり彼が良いんです!!
わたし復縁できますか!?

別れたけど連絡は週1回とり合う、そのゆるゆるした関係が示すものとは!?

A　今は、別れてから8ヵ月くらいなんですね?

マナミ(以下マ)　そうですね、それくらいです。

A　連絡はとっていますか?

マ　はい。

A　その間に肉体関係はありましたか?

マ　一切ないです。

A　もう友人モードで連絡をとっている状態でしょうか?

マ　友人モードというか……。彼は私が彼に好意を寄せていることは知っていて、連絡を返してくれる感じですね。ゆるゆるした友人関係というか、はっきりしない感じというか。

A　付き合っていたときは、将来の話は出ていたんですか?

マ　結婚の話はたまに出ていましたね。結婚したいって言われていました。でも本気というか、シリアスなプロポーズはされていません。1回、一緒に住もうって言われたんですけど、私の親が同棲には反対で、結局同棲は断ってしまいました。

A　別れてからどれくらいの頻度で会っているのですか?

マ　1回しか会ってないんです……。私が仕事で落ち込んでいるときに、話を聞いてほしいと連絡したら、「じゃあご飯食べに行く?」という感じで会いました。

A　別れてから1回だけ会っているんですね。メールの頻度は?

マ　週1回くらいですね。

A　なるほど。その間に、復縁したいというようなことはマナミさんから伝えているんですか?

マ　別れてしばらくしてから一度言ってみたんですが、やんわり断られてしまいました。今のぬるい感じが、居心地が良いのかもしれないです。

A　やんわりっていうか、彼の答えはノーですよね。言い方はやんわりでも。

マ　まぁイエスかノーかだったら……。

A　はっきりノーですよね。

マ　そうですね……。

A　たぶん、彼も今、ラクなんだと思うんですよ。**付き合っていないからこそ適度な距離感もあるし、何にも縛られていないし、責任もない。**でも、下手にあんまり優しくすると、また戻ろうと言われたり、期待させるんじゃないかと思っているかもしれない。彼から連絡は来るんですか？

マ　共通の友人づてで私の転職を聞いたときに、「大丈夫？」みたいな感じの連絡がきました。

A　なるほど。どういうやり取りを普段しているんですか？

マ　私が仕事で悩んだときに相談したりとか。ほとんど仕事の話ですね。

A　付き合っていたときからそういう感じなんですか？

マ　そうですね。お互いあまりしゃべらないけど、一緒に家にいて空間を共有するような。付き合っていたときも彼がすごく仕事が忙しい人なので、そんなに会っている方ではなかったんですよね。

A　なるほど。

マ　別れてから1回会ったとき、すごく彼が、饒《じょう》舌《ぜつ》だったんですよね。付き合っていたとき、一緒にご飯を食べに行ってもお互い無言っていうくらい、静かなカップルだったので、別れたから私にはよそいきモードなのかな、とよそよそしさを感じて少しさみしかったですね。

A　彼とは喧嘩もしない感じでした？

マ　1回だけ大きな喧嘩をしました。彼が、誕生日を祝いたくないというタイプの人で。でも私は祝ってほしいタイプだから、それで揉めて。父の日とかのプレゼントも嫌がるんですよね。ちょっと変わってる人ですね。

A　なるほどなるほど、よくわかりました。

5つの〝愛を伝える言語〟で、彼はどのタイプ？　それを理解して、彼の言語で愛を伝えることが大切！

A　ちょっと気になったのは、彼とマナミさんは、〝愛を伝える言語〟が少し違うんじゃないかな、ということです。

マ　愛を伝える言語……？

（※ゲーリー　チャップマン『愛を伝える5つの方法』いのちのことば社より。）

A　愛を伝えるには、5つの言語があるそうなんですよ。例えば、日本人にアラビア語で「愛してる」と伝えても、意味が通じませんよね。それと同じで、愛を伝えるにも、違う言語だと「愛してる」と表現しても伝わらないんです。

まず、タイプ1の言語は、「**肯定的な言葉**」。この言語が一次言語の人は、**愛や励まし、尊敬などを言葉にしてもらわないと、愛されているという実感を得られない**んです。たとえば毎日ハグやキスはするけど言葉はないという状況だと、愛を感じることができないのですね。

タイプ2の言語は、

「愛を伝える5つの方法」という本がありまして
愛を伝える5つの方法
そこからの引用なんですけど

5つのタイプに分けられる「愛を伝える言語」あなたと彼はどのタイプ？

愛や励ましの言葉、共同作業や時間の共有、プレゼント、手伝ったり助けられたり、身体的な触れ合い。何で表現されたときに愛されている実感を得るか考えてみましょう。

TYPE.3

「贈り物」

TYPE.4

「サービス行為」

TYPE.1

「肯定的な言葉」

TYPE.5

「身体的なタッチ」

TYPE.2

「クオリティ・タイム」

一緒に何かをしたい「**クオリティ・タイム**」。**一緒にいて時間を共有したり、何か共同作業をしたり、質の高い時間を一緒に過ごすこと**で愛を感じるタイプです。このタイプは、「愛している」というメールを毎日もらっても、会えない、同じ時間を過ごせないなら愛を感じることはできません。

タイプ3の言語は、「**贈り物**」。これが一次言語の人は、**モノで気持ちを表現してもらうとすごく嬉しい**んです。この人たちは、たとえば、誕生日なのにプレゼントも花束も何もない、というのは愛を感じられないんです。いくら言葉や態度で愛を伝えられても、目に見えるモノがないと不満を感じてしまうんです。

タイプ4の言語は、「**サービス行為**」。**何か手伝ってもらったり、助けてもらうという行動で愛を感じる**人たちです。たとえば、些細《ささい》なことだけど、サラダを取り分けてもらったりとか、家事を

手伝ってくれたりとか。このタイプは、言葉やモノをもらっても決定的には響かないんです。

タイプ5の言語は、「**身体的なタッチ**」。**身体的な触れ合いで愛を感じる**タイプです。これは**セックスに限らず、ハグとか、ちょっと手をつなぐ、頭ポンポンとかでもいい**んです。私はこのタイプは遠距離恋愛には向かないのかなと思っています。

マ　うわー、なるほど、わかる気がします……!

A　そして、これを踏まえた上で、マナミさんの話に戻すと、彼とマナミさんの愛の言語は少し違うんじゃないかと思うんです。彼の愛の言語は、何だと思いますか?

マ　……なんだろう。わからない!

A　では、まず、ご自身の言語は何だと思いますか?　何で表現されたときに、愛されている実感を得るか。タイプは一つだけとは限らないので、複数のタイプを選んでもいいんですよ。

マ　うーん……。1位はクオリティ・タイムで2位がプレゼントかな……。

A　なるほど。彼は何だと思いますか？

マ　うーん……。たぶんですけど、彼も、1位はクオリティ・タイムだとは思います。でも、2位は私と同じではない気がします。彼はちょっと自己顕示欲が強いんですよね。Ｆａｃｅｂｏｏｋとかも、「俺自分からは友達申請しないんだけどこんなに申請きちゃっているよ」とか、職業がデザイナーだからか、クリエイティブな投稿をしてみたりとか。ちょっと痛いところもあるというか。

A　人と違う俺、みたいな自己イメージがある？

マ　そうなんです。ちょっとナルシストだし。

A　なるほど……。えっとですね、私が思うのは、「とりあえず、会えば？」って。

マ　た、確かに。

A　会って、**彼がどの言語タイプなのか、実際に全種類試して確認してみる**のがいいと思いますよ。本には2人でできるテストもあります。私としては、今の時点で、彼に効くのは、甘えること、彼の自尊心をくすぐることなのかなと。言葉、表情、スキンシップなど複数の言語で好き好きアピールして、「こいつ、こんなに俺のこと好きなのか……困ったな（まんざらでもない）」みたいに攻略していくのがいいと思います。犬が飼い主に懐くみたいな感じで。

マ　それ、彼に効く気がします！　確かに付き合っていた頃も、過剰な恋愛表現をしていました。

A　そのとき彼はどうでしたか？

マ　すごく喜んでいました。

A　だったらそれを今またやればいいんですよ。付き合っていなくてもやればいいんです。仕事の相談をしつつ、「やっぱりあなたは頼りになるな」とか言って甘えてみて、そこでまんざらじゃない感じの反応が返ってきたら、彼は甘えられて嬉しいわけですから。彼を嬉しがらせてあげればＯＫですよね。犬が飼い主に甘えているときのように、犬の相手をしている飼い主も、ぬくぬく幸せになっている、そんなイメージですね。

マ　わかりました！

付き合う＝マネタイズの瞬間。
押し売りはせず、
まずは無料サービスから
はじめてみるのが効果的！

A　そして、大事なのは、「**付き合う、付き合わない」という答えを、彼にすぐにつきつけないこと**です。また「一度別れたんだからもう無理だよ」とか言われるだけですから。男に二言はない、とかの謎のポリシーがありそうじゃないですか。

マ　確かにかっこつけているところはあります！

A　一度復縁を申し出たときに彼が断ったのも、そういうことが大きな理由かもしれません。それでイエスと答えてしまうと、別れも復縁も結局マナミさんが決めることになって、自分が振り回される形になるのが許せないのかもしれませんね。Ｆａｃｅｂｏｏｋの話から考えても、仕返し的な感じもあるかも。だから、まずは1回会って、ちょっと甘えてみる。反応が良かったら、そこから会う頻度を増やしていく中でさらに甘えていく。そうしていくうちに、**いつのまにか彼の生活圏内にいるようになって、ふところに自然にもぐり込んで一緒にいる時間を増やしていく**んです。それを数カ月続けることをおすすめしますね。

マ　なるほど……。私、すぐ結論が欲しいタイプで、いつのまにかどころか次会ったときに、「もう無理なら私のことちゃんと振って」とか言おうと思っていました。

A　それはもうダメダメダメ！　本当に復縁したいなら、この場合は長期戦です。「彼と元に戻りたい！」という思いを言葉にして彼につきつけるのではなく、「元に戻りたいくらい好きなんだ」という気持ちを表情や態度で表現する方に全力を尽くすべきです。そうじゃないと彼には伝わらないですし、彼の心を開くことは難しいです。長期戦は、すぐ結論が欲しいマナミさんには辛いかもしれないけど……。

マ　そうですね。でも、それが彼にはすごく有効だと思うので、トライしてみたいと思います。気づいたら彼のそばにいる人にまたなれたら……。

A　「俺に懐いている可愛い奴め」になったらシメたものですよ。

マ　本当にそうだと思います。彼を見極めてくれてありがとうございます！

A　付き合うか、付き合わないかという結果をすぐに求めるのではなく、**先に快適さだとか、居心地の良さを提供して、彼がそれに慣れきって離れがたくなっただろうなというところで、課金させる**わけです。

マ　課金（笑）！

A　ビジネスと同じ手法だと思ってください。付き合う＝マネタイズする瞬間ですよ。これが1回目のお付き合いなら、一目ぼれやフィーリングなどで〝その場ですぐ売る〟こともできますが、今回は復縁ですから。すぐに商品を買ってもらう方法より、まずは無料で試してもらう方が有効なんです。ウォーターサーバーがわかりやすいと思います。はじめから「ウォーターサーバーを月何千円で家に置きませんか」と言われても「いやいらないし、ペットボトル買えばいいし」となる。でも、無料でいいんでとりあえず……と家に置いてみたら、飲みたいときに飲めるし、いつも冷えていて美味しいし、ペットボトルを買いに行かなくてラクで助かるというメリットに慣れてしまいます。そのタイミングで、「ウォーターサーバー撤去しまーす」と言われたら、「ちょちょちょ、なくなったら不便、じゃあお金を払います」となるわけです。

マ　めっちゃわかります。

A　なので、マナミさんは、「あ、お水汲《く》んできちゃった～美味しいから飲んで♪　お金とかいらないから～♪」を、数ヵ月続ければいいんですよ、彼が飲みたいタイミングを逃さずに。

マ　でも、たぶん彼はそれをすごく喜ぶタイプな気がします。

A　そう思いますよ。マナミさんと彼の場合はですけどね。これが、完全に嫌われている、関係がズタズタになって別れているようなパターンであれば、このやり方は通用しないんですけど。マナミさんの状況なら、できると思います。別れる気がなかった彼に、マナミさんから試すように言ってしまったセリフで別れることになったわけですからね。この作戦を続けて、**彼が、マナミさんを手放しがたくなっているなと感じたタイミングで、「友達に彼氏だよって言ってもいい？」「より戻っちゃってるよね？」とかの会話で自然に関係を元**

に戻せばいいと思います。

マ　確かに、付き合ったときも、明確な告白とかはなく、一緒にいるようになって、「これって付き合ってるよね？」みたいにしてはじまったんですよ。ANNAさん何でわかるんですか……！

A　やっぱりそうですか。そういう彼だと思いますよ。

復縁とは、〝出会い直す〟こと。前回とは違う結果にするために、これまでとは違う自分にならないとダメ！

A　無事に復縁し、また付き合えることになった場合のアドバイスを2点ほどさせてください。

マ　はい。

A　まず一つ目。**自分から「別れる」とか言ってしまうのは本当にダメ!!**

マ　はい……。

A　彼みたいなタイプには特にダメですよ。**試したりするのはプライドを傷つける地雷**だったと思います。子供っぽい気の引きかたはしない。そこは、これからは本当に気をつけてください。

マ　はい……気をつけます。

A　そして、二つ目。彼に、あなたが変わったと思われることが大事です。**復縁は、出会いなおし**なんです。今までと同じマナミさん、今までと同じ彼のままだと、確実にまたダメになります。**彼が今までのあなたとは違うなと思ったときに、やり直そうかなという気持ちが出はじめてくる**はずだから、マナミさんがバージョンアップする必要があります。

マ　なるほど。私が変わる必要があるんですね。

A　彼の愛の言語はクオリティ・タイムだとマナ

ミさんは予想しましたが、本当のところはわからないですよね。彼が何で愛を感じて何で喜ぶタイプなのか。そこをちゃんと見て、行動に移すことですね。ちなみに、**おすすめは、5つの言語を全種類やること**です。すべての言語タイプを網羅する。

マ　ええっ！　それは難しくないですか⁉

A　難しくないですよ！　世のモテ女子なら割と自然にやっていることです。好きだよという気持ちを言葉で伝え、一緒に時間を過ごし、折に触れてちょっとしたプレゼントをし、彼が喜ぶサービス行為をして、体の触れ合いも欠かさないようにする。プレゼントやサービスは特別なものじゃなくて、日常のさりげないことでいいんです。5つの言語を網羅すれば、前回付き合ったときには彼に伝えられなかった種類の愛も伝えられるようになり、彼に「マナミ変わったな」と思ってもらえると思いますよ。

マ　わかりました……！

A　がんばってください！

自分から「別れたい」とか言うのは
本っっっ当にダメですよ!!
…すみません…
復縁とは出会いなおしです
バージョンアップしたマナミさんでなければ同じことのくり返しです
前とは違うと彼に思ってもらえるように
VERSION UP
5つの言語を駆使して愛を伝えてみましょう
長期戦になりますががんばってくださいね
ハイ！がんばります!!
スーパーサ●ヤ人になります！

今回のまとめ

1

彼が**5つの「愛を伝える言語」**の
何で愛を感じるかを分析。
その**ポイントを押さえた接し方を**
することが大切。

2

本気で復縁を願うなら、
あなたが**変わる必要がある。**

3

結果を**すぐに求める**のは**NG。**
長期戦覚悟で、居心地の良さと楽しさを
提供しよう。あなたと離れるなんて
考えられないという状態になるまで、
彼の言語で愛を伝え続けて。

ANNAさんの一言

今回のケースは、彼のプライドやメンツを傷つけてしまったことが別れの主な原因で、その問題さえ取り除かれれば、また付き合えるかもしれないな、と感じました。また、無料お試し期間は半年とか1年とか目安を決めて、時期がきたら容赦なく撤収しましょう。そこでようやく、あわてて課金する(付き合おうと言ってくる)ことも多いのです。また、どこかで「子供っぽい試し方をして私が悪かった」と謝ると、彼のモヤモヤも氷解すると思います。

5つの言語を
全部使いこなせたら
モテるなー!

A SEQUEL

復縁もくろみ女子・マナミさんの後日談

ANNAさんに相談した彼とは結局復縁はしませんでした。でも、その次に出会った人と付き合うことになり、現在の彼との関係性にアドバイスを活かしています。もう、彼の愛を試すふりをして、気軽に「別れたい」なんてことは言いません！

5つの「愛を伝える言語」の話は興味深く、まわりの友人からも「詳しく聞かせてほしい」と言われました。みんなな参考になったと言ってましたよ！

本気って強い情熱ではないんです
もっと静かで深いものです

CASE

恋愛干物女子

4

今回の相談者は、広告代理店勤務のソノカさん（仮名·37歳）。20代後半のときに結婚を意識していた彼と別れて以来、10年近く彼氏がいない“恋愛干物女”状態に陥ってしまったのだとか。「恋愛のはじめ方がわからない」「たまにいい人がいても空回る」というソノカさんに、ANNAさんは恋愛のリハビリ方法を提案しました。果たしてそれは!?

恋愛の仕方を忘れてませんか？
“30代恋愛干物女”

今回の相談者は ソノカさん（37）
目が大きくて めっちゃ美人さん!
広告代理店勤務のオシャレで美人なお姉さん
……なのに
27歳の時に結婚しようと思ってた彼がいたんですけど…いろいろあって別れちゃって
そこで一回結婚とかどうでもいいやって思っちゃって…
なんだかんだ気付いたら10年近くも彼氏がいないという状態に陥っちゃいました…
美人なのに…
どういう風にリハビリをしていけばいいのかお聞きしたくて…

恋愛ができないのは、男性に対するある〝思いこみ〟のせい!?

A　ソノカさんはもう10年近く彼氏がいないそうですが、その間、何か恋愛面で努力はしていたのでしょうか？

ソノカ(以下ソ)　結婚を考えていた彼と27歳で別れてからしばらくの間は、恋愛自体が面倒になってしまった時期が続いたんです。

A　面倒？

ソ　はい。少ない恋愛経験の中で、恋愛の良さも知ってはいるんです。でも、30代になって気づいたんですけど、恋愛って私にとってストレスなんですよ。

A　恋愛がストレス！

ソ　ちょっといいなと感じる人がいても、恋愛になると頭がまわらなくなって。そうすると「面倒くさいからもういいや」って連絡とるのをすぐにやめてしまうんです。

A　もったいない!!　私はいつも「私があなたになったら、恋人も結婚もできます」って女性に言っているんです。私が外見、年齢、職業などソノカさんそのままで生まれ変わったとしたら、すぐにでも恋をして、両想いになって、プロポーズさせてみせます。実は、最近ソノカさんが抱えているような恋愛相談が増えてきてるんですよね。話を聞いて思うのは、彼女たちは**本当には困っていない。恋人という存在の必要性をあまり感じてない**ということなんです。

ソ　なるほど……。確かに本当に困ったことはなかったですね。

A　たとえば、私は一緒にいる男性がいないと生きていけないんです。だから男がいない状態になると、水を絶たれたみたいに辛いから必死で探す。

水がないと死んじゃうから死にたくなくて必死に探すんですよ
そしたらなんだかんだ妥協しなくても見つかるんです
私にとっては恋愛ってそういうものなんですよね
やべえ
死んじゃう
死んじゃう
ピョーン

そうなると見つかるものなんですよ。もちろん、一切の妥協はなしで、です。でもね、ソノカさんみたいな女性ってそもそもが男がいなくても平気なんですよ。あるいはどこかで平気になってしまったのかも……。ダメな男に貢いだり捨てられたりっていう恋愛体質の人からの相談の方が解決の仕方は簡単。恋愛できません、って言っている人たちの相談に乗るのは大変なんです。だって、本音では困ってないんですから。

ソ　そうなんです。でも、今までは困ってなかったんですけど、最近になってこのままではさすがにまずいと思っていて。

A　なぜそう思ったんですか？

ソ　アラフォーで将来への不安も少なからずありますし、いつ見ても男っ気がない私に対するまわりからの視線だったり……。あとは、幸せな結婚をしている友人たちを見ていて、やっぱりいいなあ、楽しそうだなあ、って。それで彼氏を作ろうと決意して、趣味のコミュニティサイトや知り合いからの紹介を通じ〝月に二人ぐらい新しい男性を開拓してデートしよう〟と自分に課題を出したんです。ここ半年くらいで5〜6人の男性とデートしたんですけど、些細な相手の悪いところばかりが見えてしまって……、先に進まないんですよね。

A　**本当にいいと思う相手なんて何年かに一人しか出ません**よ。

ソ　私みたいに非恋愛体質だと、オリンピック周期以上に出てきません。だから、ときめくことができる貴重な男性が出現すると、「この人を逃したら、もう好きになれる人は現れない」って思って、緊張でおかしなことになっちゃうんです。

A　それはどんな風に？

ソ　たとえば、会っている間は〝あなたのことは微《み》塵《じん》も興味ありません〟みたいなつっけんどんな態度をとるくせに、メールとなると「昨日メールをくれなかったのは、私が何かまずいことをしたからでしょうか？」とか、めちゃくちゃ重いのを送ったり。あとは、相手に安心してもらおうと思って、「いつ、どこで、誰と、何をしていました」といった業務連絡のようなメールを送り続けて、友人たちにあきれられたことも。しかも、そんな状態なのに、先走って告白をしちゃって玉砕、とか……。

A　ああ、なるほど。好きな人との人間関係が上手く築けないんですね。

ソ　自分でも恋愛下手だなあと自覚しています。

だから、付き合ったのは全部相手がぐいぐい押してきたパターンだけで、私から好きになった場合、今までの人生で一度も上手くいったことがないんですよ。今では「どうせ私から好きな人とは、上手くいくはずがない」って思いこんでます。

A　ソノカさんのように仕事相手や女友達とは円滑なのに、恋愛だと途端にダメになる人がいるんですが、切り離さずに考えてみるといいですよ。**いきなり告白するなんて、仕事なら名刺交換さえしていないのに「うちと契約してください！」とせまってるようなもの**です。

ソ　……!!　そのた

とえ、しっくりきました。確かに、仕事相手や女友達に対してであれば何をしてあげれば喜ぶかがわかります。今までまったく違うものだと思っていました。

A　**男性も女性も人間関係の基本は一緒**ですよ。**男女は8割が一緒で2割が違う。〝結婚〟というのはその8割を土台として結実したもの**なんです。

ANNAさん考案の恋愛力を高めるゲームをすれば恋愛干物女も恋愛体質にチェンジ!?

A　ここまでソノカさんのお話を伺っていると、人間関係の中でも恋愛に特化した部分が苦手なようですね。そこで、いくつかお伝えしたいポイントがありますので整理しますね。まず第1のポイントとして、〝ときめき方〟から。ここで恋愛のリハビリをして、ときめくことができる相手を見つけやすくしましょう。そして第2のポイントとして〝恋愛スキルの磨き方〟、第3に〝相手との関係の進め方〟。ソノカさんの場合、この3つの項目に分けて実践していくと良いと思います。

ソ　はい！　全部知りたいものばかりです。

A　まずはときめき方ですけど、これは私もよくやっている頭の中の遊びがあるんです。まずは身近な独身男性や街中で偶然居合わせた人、とにかく**出会った男性と片っ端から「チューしているところ」を脳内で想像する**んです。

ソ　今まで考えたこともありませんでした……。

A　今すぐはじめてみてください。まあ想像したくもない男性も多いと思いますが（笑）、電車に乗ったら向かいの席を見渡して「この人はありだな」とか「うーん、ぎりぎりなしだな」とか仕分けるんです。出会う男性をそのつど、ギラついてアンテナを張り巡らせて見ていくうちに自分の気持ちもメスモードになってくるので、以前よりも引っかかる人が増えていくはずですよ。

ソ　それくらいなら私でもすぐできそうです。

A　ただ、特に

恋愛体質ではない女性は、「あの人もイヤ、この人もイヤ、好みじゃない人とはイヤ」って、結局ほとんど誰ともチューしたくないことになっちゃうんですよ。だから、「この人は全然好みじゃないけど、もしもこの人にすごい才能があって、尊敬できて、私の話を全部聞いてくれて、引っ張ってくれたら」って感じで仮定してみるんです。「あ……それならチューしたいかも」って、突然いい男に見えてきたりするんで、「アリ」の範囲がどんどん広がっていくんですよね。私、今ではほぼ全員とHできることになっちゃってますよ（笑）。

ソ　なるほど……。確かに私も、好きになるときって外見より中身の影響が大きいですね。やってみます。

A　では、第2の恋愛スキルの磨き方です。これも私が頭の中でよくやっている二つのゲームがあるんです。まず1つ目は〝**落とさないと殺される**

ゲーム〟です。

ソ　なんですか、それ！

A　まず、無作為に相手を選びます。たとえば、それがカフェの店員さんだったとしますね。〝落とさないと殺されるゲーム〟のルールは簡単で、〝カフェの店員を**落とさないと殺される**〟**という** **ミッションがある、って脳内でシミュレートする**んですよ。殺されたくないから彼の心をどうつかもうか、どう二人の距離を縮めようかと必死で考えますよね。

ソ　それぐらいの覚悟がないとダメなんですね。

A　そうです。必死に考えないとダメです。そして**具体的な戦略を立てていく**わけです。セリフなんかも具体的に考えるんですよ。

ソ　目からウロコです。なんだか楽しそう！

A　まずは「すみません、フォーク落としてしまったので替えてもらってもいいですか？」からスタートして、それから週2ぐらいで通うようになって、そのうち「今日は忙しいですね」と話しかけて顔見知りになって……って感じですね。**自分の感情なんて関係なく、彼の心を振り向かせるという明確なゴールに向かって、頭の中をフル稼働**させてください。恋愛のカンが冴えてきますよ。

ソ　今までの私だと、フォークを替えてもらった瞬間に告白しちゃいます！

A　それは間違いなくその場で殺されてしまいますよ（笑）。恋愛スキルを磨く方法でもう一つおすすめなのが、〝**楽しませたら勝ちゲーム**〟です。ソノカさんは最近6人の男性とデートして、ときめかなかったわけですよね。正直、ムダなデートだったと思ってませんか？

ソ　はい、まさに……。

A　それが〝楽しませたら勝ちゲーム〟をはじめた途端、ムダなデートが皆無になります。このゲームのルールは、**相手を楽しませて相手に〝また会いたい〟と思わせれば勝ち**。そのためには、相手がどんな話題を欲しているか、どんなことを言われたがっているかなど、**相手が望んでいるものを見極めなければいけません**よね。そうすると、ムダなデートというものはなくなるんですよ。すべてのデートが自分のワザを磨く実践の場になるわけです。

ソ　今までは、なんてつまらないデートに出向いてしまったんだろうと後悔しかありませんでしたけど、ゲームで恋愛の練習をしていると思えば、苦痛じゃなくなりますね！

A　そうですよ。そしてデートが終わるたびに**一人反省会**をしてください。「あのとき、もっといい返しがあった！」「私、ああいうことを言っちゃう癖があるなあ」って感じで振り返るんです。そして、次に活かす！

ソ　それならば、仕事だと思ってできそうです！

〝恋愛の地図〟を手に入れて使いこなせれば、もう恋愛で迷子になることはなくなる!?

A　では、最後に具体的な〝相手との関係の進め方〟です。ポ

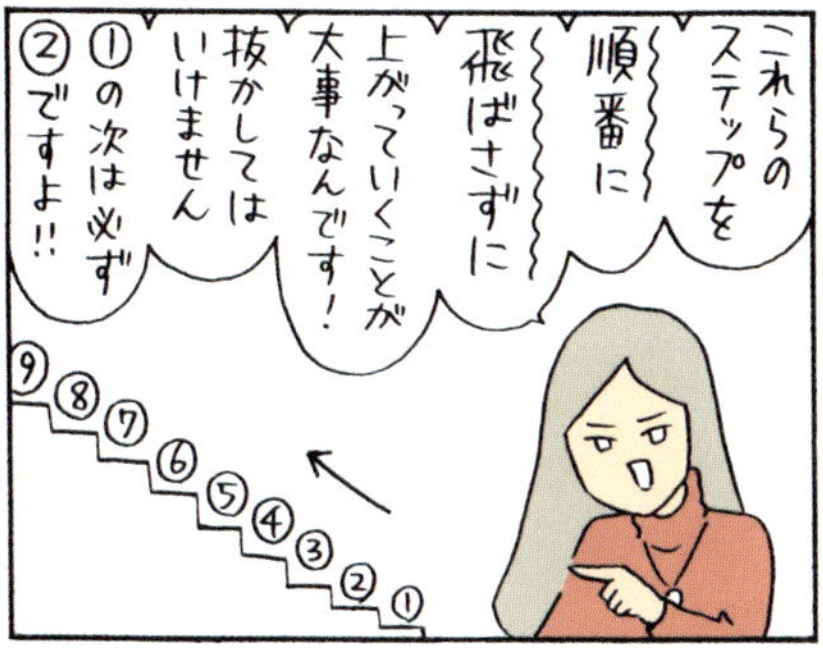
これらのステップを順番に飛ばさずに上がっていくことが大事なんです！
抜かしてはいけません ①の次は必ず②ですよ!!
①
②
③
④
⑤
⑥
⑦
⑧
⑨

10 STEP

相手との関係の現在地を確認する“恋愛の地図”

気になる相手との関係の進め方のポイントは、恋愛の最中でも客観性を持つこと。この10ステップのどこにいるのか、つねに相手との関係の現在地を認識し、順番に進んでいきましょう。

STEP.1

他人

お互いの存在を知らない。

STEP.2

存在を認識

接触はないが、お互いに存在を認識している。

STEP.3

挨拶

お互いに見かけると会釈や挨拶をする。

STEP.4

知人

何かのついでや用件があるときのみ話をする。

STEP.5

軽い友人

わざわざ二人で会わない。

STEP.6

友人

用件がなくても約束して二人で会う。

STEP.7

友だち以上恋人未満

デート、甘い言葉、体の接触などがある。

STEP.8

恋人

1対1で正式に付き合い、第三者に紹介する。

STEP.9

婚約者

夫婦という公的な関係になる約束をしている。

STEP.10

夫婦

夫婦という公的な関係である。

イントを一言で言うと**恋愛の最中でも〝客観性を持つこと〟**なんです。でも、恋をするとなかなか難しいですよね。そこで、私が考案した〝**恋愛の地図**〟で自分と相手との位置を確認することを強くおすすめします。恋愛ではまず**相手との関係の現在地を認識する**ことが大事なんです。それをステップ1から10までに分類しました。

自分と気になる相手との関係が今現在ステップのどこにあるのかをまずは認識してください。**恋愛で玉砕しないためには、基本的にこのステップを一段一段飛ばさずに上がっていけばいい**んです。順番に、というのは重要ですよ。抜かしちゃダメです。ちなみに恋愛の悩みには、このステップが今いる位置から先に進めなくなっている状態についてのものが多いんです。

ソ　振り返ると、10代の学生の頃から、まだお互いの存在を認識してるに過ぎないステップ2のときに、いきなり告白してステップ8になろうとしてましたね。

A　だから、なかなか上手くいかないんです。たとえば自分と彼の関係がステップ4の知人だとしますよね。次はステップ5の軽い友人が目標なので、メールアドレスやSNSなどの情報を交換して、個人的にやりとりすることを目指すというように、やるべきことが明確になるんです。

ソ　正直、恋愛ってそういうものだったのかと驚《きょう》愕《がく》してます。そりゃ上手くいかないはずですね。

A　あとは、ソノカさんの場合、根本的に出会いの数自体を増やす必要がありますね。日頃の出会い活動にプラスして、ぜひ**出会い系のサイトやアプリ、ネット掲示板など**を使ってみてください！私も以前婚活していたときに出会い系のサイトを使ったらすごく使えて、セミナーでもすすめているんですけど、それで結婚した人がたくさんいま

出会い系のサイトは「何だか怖そう」と敬遠する人も多いですが
実はけっこうちゃんとしたとこも多いですしなんといっても効率がいい！

す。子供が生まれましたって報告も何通もきましたよ。

ソ　それ、まわりでも使っている人が増えてます。

A　普通に生きていれば、新規の独身男性と出会う機会はせいぜい月に一人か二人ですよね。でも**ネットやアプリを利用すれば、家にいながらにして何百何千という男性の中から選べるし、選んでもらえる**んです。顔写真だけじゃなくて、不思議なことに**メールのやりとりだけでも、なんとなくお互いの波長ってわかる**んですよね。

ソ　私も以前に趣味のコミュニティサイトで男性

とやりとりをしたとき、その感覚はわかりました。何より効率が良さそう。

A　そう、**効率がいいんです！**　出会いの数が増えれば、〝チューしたい〟と思う人も出てくるはず。それからは、恋愛の地図を忘れなければ大丈夫ですよ。

ソ　本当に私、恋愛のカンが全然ないので、すごく具体的に教えてもらって助かりました。

A　今日からやってみてください。そして何よりも、ソノカさん**自身をそのまま出せる人と人間関係を築いていけばいい**だけ、ってことを忘れないでくださいね。

ソ　はい。がんばります!!

今回のまとめ

1

恋人も仕事相手も女友達も、
人間関係の基本は一緒。

2

周りにいる男性と
チューしてるところを
できるだけ想像してみて。
日常的に**恋愛モード**が高まり、
男性にときめく確率がアップ！

3

ムダなデートなど**この世にない！**
「この人を落とさないと殺される」
という必死さで恋愛のカンを磨き、
「楽しませたら勝ちゲーム」で
男性が**また会いたくなる女**に。

4

相手と自分が「**恋愛の地図**」上の
どこにいるかを認識し、
一段一段**順番にステップ**を
上がっていくための行動を。

ANNAさんの一言

私は、ソノカさんのような人がムリに恋愛体質になる必要もないし、完全には、なれないとも思っています。彼女は恋愛の情熱とか感情の起伏を必要としない反面、一度付き合えば長続きし、家族を大事にする人でもあるので、お見合いや結婚紹介所での出会いもおすすめしました。それにしても世の中にはキレイで仕事ができてオシャレで話も楽しい独身女性が、本当にたくさんいますよねえ。

恋愛の地図は全ての
恋愛迷子に役に立つ
こと間違いなし！

A SEQUEL

恋愛干物女子・ソノカさんの後日談

自分自身との向き合いが必要だと感じて、ANNAさんにおすすめされた「内観」(95ページ参照)に行きました。私の場合は親との関係性がそもそもの原因だったと思います。そこで、まず私自身が〝結婚〟というものに魅力を感じておらず、婚活をするふりをしていたのだと気づくことができました(笑)。

人に合わせて婚活をすることはやめましたが、内観に行ったことにより、子育てや家族を作るということに初めて興味を持てました。

そして、周りの人から、前よりも本音を話すようになったねと言われ、そのおかげで生きやすくなりましたね。また、「無理に彼を作らなくていいや」と気楽になってからの方が不思議と出会いが増えました。あと、おすすめされたネット婚活もリハビリには最適でした。今は1歩1歩ステップを踏んでいる相手がいます。ありがとうございました!

CASE

5

婚活二股女子

今回の相談者は、IT関連会社で働くマリコさん（仮名・30歳）。クリエイティブな男性に惹かれる傾向があり、現在の彼氏も生活力はないけど才能はある40歳。しかし、30歳になって結婚を考えたときに不安がよぎり、最近知り合った会社員の彼が急浮上してきたのだとか。二人の男性の間で揺れ動くマリコさんの悩みにANNAさんが答えます。

婚活難民を悩ませる結婚の
“入れ物”と“中身”とはいったい!?

今回の相談者はマリコさん(30)
一見バリバリ仕事をこなしそうなデキるオンナに見えますが…
なんかどうにもアーティスト系の人ばっかり好きになるんですよね…
40歳フリーターで〜す
でも社会人としてはダメダメでこんなんでいいのかなってモヤモヤしてたんですけど…
そしたら私のことを好きだって言ってくれる堅実な正社員が現れたんです!
まあ一緒にいてもつまんないんですけど…
でも私ももう30だし結婚したいし…
私
どっちを選んだらいいですか!?
才能
安定

結婚するには〝情熱〟もしくは〝尊敬〟のどちらかが必要

A　アーティスト系の彼との悩みなんですね。

マリコ(以下マ)　はい。もともと男性を好きになるとき、その人の才能に惹かれるところがあるんです。たとえばミュージシャン、画家、はたまた起業家とか、アクティブな人とばかり付き合ってきました。去年の夏から付き合っている彼はアーティストで、40歳フリーター、すぐに旅に出る、お金もない……っていうツッコミどころ満載な人で(笑)。でも、その人がアーティストとして成功するさまを見届けたいという気持ちもありまして。

A　アーティストというと?

マ　大道芸人に近いパフォーマーですね。アルバイトもしていますが、定収入はありません。彼のこと好きなんですけど、社会人としてはダメなタイプなんですよ。すぐ旅に出ちゃうし……。それで、今後のことをモヤモヤ考えていたときに、珍しく私のことを好きだと言ってくれる男性が現れまして。それが安定した企業の正社員として働いている人だったんです。

A　なるほど。アーティストの彼は、どう知り合ったんですか?

マ　もともと名前だけは10年ぐらい前から知っていたんですけど、知り合ったのは去年です。その人が出演していたイベントの打ち上げで初めて話しました。友達として映画や食事に行ったりして、3回目くらいで告白されて、私もそこはかとなく好きだったので、OKしました。

A　じゃあ、付き合ってからはまだ半年ぐらい?

マ　はい。

A　そして、会社員の彼は同じ会社の人ですか?

マ　いえ、紹介で知り合った違う会社の人です。

その彼から「付き合おう」と言われたんですけど、一緒にいても正直つまんないなって思うんです。でもこの人と普通にお付き合いして結婚でもしたら、30代の女として、まあ平均的な生活ができるんだろうなって迷う自分もいて。

A　会社員の彼はいつ頃の話？

マ　昨年末なのでまだ2ヵ月ぐらいですね。

A　では、二股ってこと？

マ　そうなりますね……。実はその会社員の彼とはHもしちゃってるんですけど、なんかしっくりこなくて。この人はないなと思っていたんですけど、今年に入ってからアーティストの彼がずっと本業の出張で全然会えなくて、それで揺れてるんです。実際に自分が何を望んでいるのかわからないんですよ。心の底ではそろそろ結婚したい気持ちはあるんですけど。

A　子供は？

マ　まだ考えていないですね。でもまずは夫婦というものへの憧れはあるんです。

A　夫婦に憧れはあっても、その会社員の彼との結婚は考えられない？

マ　うーん、どうなんだろう……。

A　仮に安定収入があって、才能もあるような人ならどうなんでしょうか。

マ　だったらいいですね！

A　それなら会社員でもいいわけですね。アーティストじゃなければ絶対にダメなわけじゃないですね。

マ　どんな職業であれ、バイタリティがある人ならいいなとは思いますけど。

A　じゃあそのアーティストの彼はバイタリティはあるんですか？

マ　はい、収入のために働くこと以外は……。

A　会社員の彼にはないんですか？

正社員の彼にバイタリティありますか？
全然感じないです
一生一緒にいたいですか？
…嫌かも…。
彼に会えるワクワクありますか？
ないです
心からの尊敬は？
ない！
ダメじゃん
正社員はそもそも
選択肢にすら入ってませんよ

マ　うーん……全然感じないです。

A　あの、ちょっといいですか？　安定した会社の正社員という彼は、そもそもマリコさんの選択肢にすら入ってないと思うんですけど。

マ　え？

A　いいですか？　その人と**結婚して一生暮らすなら、この先50年とか一緒**ですよ。

マ　うーん。嫌かも。30歳になって焦っているときに、たまたま向こうからきた安定男に揺れているだけなのかもしれません。

A　そうですよ。**結婚って、たとえば芸能人の電撃結婚、その後の電撃離婚みたいな、情熱や勢い。それか、恋愛感情はなくても人として徹底的に信頼や尊敬ができる。最低でも、そのどちらかの感情がないとできな**いと思うんですよ。でもマリコさんのお話を聞いていると、どっちもないなあと。だから正社員の彼は選択肢にすら入ってないですよ。こういう人からも好かれるんだっていう、データのひとつに過ぎないと思いますね。むしろ、こういう人が私はダメなんだなという確認ができたということでいいんじゃないですか。

マ　確かに……。ときめきも尊敬もなかった。

A　たとえ結婚しなかったとしても、その安定正社員くんといるぐらいなら、アーティストの彼とずっと一緒にいるほうが良くないですか？

マ　そうですね、そっちの方が楽しいと思います。

婚活難民を悩ませる 結婚の〝入れ物〟と〝中身〟とは!?

A　**結婚って〝入れ物（籍を入れて夫婦になるという形式）〟と〝中身（相手との結婚生活という実質）〟がある**んですよ。30代40代のいわゆる婚活難民の人たちって、みんなその「ケッコン」という入

れ物を欲しがってはいるんですけど、実際にはどんな中身が欲しいのかわかっていないんです。だから、結婚を手に入れられなくて、気づいたら5年10年経っちゃうんです。マリコさんは何歳までに結婚したいと考えていますか？

マ　具体的な年齢までは考えてないですね〜。

A　結婚という入れ物が欲しいとブレずに思っている人は、その会社員の方のような、いわゆる結婚向きな人を選んで、迷いなく結婚するんですよ。「ケッコン」を手に入れるには、それが最短ルートだとわかっている。でも、自分が欲しいのが〝入れ物〟なのか〝中身〟なのかわかっていない人、決められない人は、ずっとフワフワしているんです。きっと、マリコさんにとって、会社員の彼は可もなく不可もないんですよ。でもその不可もないっていうのがポイントなんです。つまらなくてもいいなら、夫婦として暮らしていく分にはやっていけ

そうじゃないですか。その人、身を持ち崩すとかもなさそうですし。でも〝どうしても結婚したい〟という理由もないわけですよね。

マ　すごく甘い考えかもしれませんが、恋愛の末に結婚したいんです。かといって、アーティストの彼と結婚したいかというと……。

A　恋愛と結婚がばらばらになって分離してるんじゃないですか？　だから、そんな正反対の二人で迷っているのでは？　いますよ、才能もあって家庭も持てるような人って世の中にはいっぱい。でも、マリコさん自体が、才能があって家庭向きじゃない人が好きなのかもしれないですよ？

マ　……認めたくはないんですけど、ひょっとしたらそうなのかもしれません……。

A　今までで結婚したいと思った相手っていなかったんですか？

マ　なかったですね。20代の頃は結婚しなくてもいいかなあって思ってたので。

A　じゃあ、もし結婚しない人生を送るとしたらどうでしょう？　何か問題はあるんですか？

マ　うーん、もし病気とかになったときに、それなりに支えてくれる人がいたらいいな〜とか？

結婚には〝入れ物〟と〝中身〟があります
結婚という形式
実際の結婚生活
入れ物は「結婚という形式」中身は「実際の結婚生活」
みんな中身がよくわからないまま
ワーッ
ハコくれ
ハコくれ
見映えのいいハコくれ
中身
ポーン
入れ物ばかり欲しがるんです

求めてばかりいる恋愛は捨てられる!?
恋愛の主導権を握るには
"自分が与える存在"に!

A　むむっ！それはマズイですよ……！　結婚相手にしてもらうことしか考えない人って多いんですけど、それね、すごく危険なんです。私は恋愛とか結婚の相手を選ぶとき、自分がこの人を助けられる、という人を選ぶようにしているんですよ。なぜかというと、自分が助ける側だと捨てられないからです。いつも助けられる側ばかりで、「捨てられないかな」「飽きられたらどうしよう」とか不安になるのが嫌なんですよ。私が**その人にとって必須な存在であったり、その人の人生をより良くする手助け**でありたいんです。そうすれば少なくとも捨てられにくいですし、選択の余地や決定権は私にありますから。

マ　今の考えではいけないんですね。

A　相手に依存した考えばっかりだと、相手にいつか捨てられるかもしれないし、それを決めるのは相手になるし、そもそも選ばれにくいと思うんです。依存する考えしかない人だと、相手から見て、一生一緒にいるビジョンが浮かばない。ちなみにその支えてくれる人って、結婚相手じゃなきゃダメなんですか？

マ　旦那だったら無条件に支えてくれるかなと。

A　結婚っていう入れ物のことはぼんやり考えているけど、中身に対する考えが欠けてますね。だから、求めてるものがマリコさん自身わかっていないんです。まず、結婚を定義するとなんだと思います？

マ　うーん、共同生活？

A　それは友人ではダメなんですか？

マ　お互いを一番大事にする契約というか。もし

友人であったら、自分以外に大事な友人がいても口を出す権利はないですけど、夫婦だったらお互い一番であることが約束された状態というか。

A　そうですね。ちなみに病気にならなかったとしたら必要ないものなんですか？　自分を看護してくれる相手がいればいいのであれば、つまらない会社員の彼でもいいじゃないですか。

マ　やっぱり恋愛の末に結婚したいんです。

A　なるほど、わかりました。やはりマリコさんは結婚の中身について、もう少し考えた方がいいかもしれません。**入れ物ではなく中身をしっかり求めていれば、結婚という実質を満たし合える人と付き合って結婚に至りやすい**んですよ。**実質を欲していれば、〝これって夫婦だよね〟という関係を**

自然と作ることができるんです。マリコさんに限らず世の中の婚活女性たちは、〝結婚〟というゴールを目指しているのに、結果的に、合コンを繰り返して自分がどれだけモテるか確認したり、相手の年収や職業を品定めしているだけ、ということがあるんです。「**お互いの心身を活かし合う関係**」を一直線に目指してほしいですね。

マ　まさに、最近は合コンを繰り返してました。

A　結婚には安心や尊敬、そして信頼などが必要ですけれど、それだけでもダメ。マリコさんの言う〝恋愛の末に結婚したい〟と思うのは当然で、そこにはやはり〝ときめき〟もないと。アーティストの彼にはときめきがあると思うんですけど、信頼や尊敬の面ではどうですか?

マ　人間的には信頼できますし尊敬もあります。でも……。結婚となると現実的じゃなくって。彼、実はバツイチなんですよ。20歳ぐらいのときに勢いで結婚して失敗した経験があって、そもそも結婚するつもりがなさそうなんです。それにあまりにも生活力がなさすぎて、いざ結婚するとなったら生活費の不安はありますね。

A　お互いに、自分が食べられる分だけ稼げればいいんじゃないですか?　彼と結婚について話したことは?

マ　ないです。

A　聞いてみてもいいんじゃないですか?　結婚についてどう思ってるの?って。彼がどう考えているかで、指針が見えてくると思います。いつかは結婚したいと思ってるということなら、彼だって今後はもっと収入について考えるかもしれないし。わからないじゃないですか。

マ　そうですね。う〜ん、聞くのか……う〜ん。

A　40歳で、アラサー女性に自分から付き合ってくださいと告白したのに結婚は考えてないのなら、相当相手のことを考えてない人ですよ。

マ　そうですね。考えてないと思いますね。

A　マリコさんも彼との結婚は考えてないわけですね？　でも、彼が将来アーティストとして羽ばたくのを見届けたいんですよね？

マ　はい。でも彼が一度結婚に失敗しているのも知っているから、結婚について聞くこと自体、気まずくて……。

A　じゃあ結婚について言わないで、ずっとこのまま付き合っていく方がいいんですか？

マ　それは……。

A　どうしても彼じゃなきゃ！　という強い情熱はそこまではないんですか？　結婚できなくてもいいからとにかく一緒にいたい、みたいな。たとえば今日、彼からプロポーズされたらどうします？

マ　します！　……とっさに答えたけど、するのかな私。でも、親に紹介できないしなあ。

A　……なるほど。なぜここまでブレるのか、もっと深くお話を聞く必要がありそうですね。

私は、結婚って共同体になることだと思ってるんです
共同体というのは「相手の問題は自分の問題」という関係のことですね
うまくいく結婚って
心身ともに生かし合える関係なんですよ
すぐ別れちゃう人ってときめき100でそれだけで結婚しちゃうので
電撃結婚 電撃離婚 みたいなやつ
人間関係が築けずにダメになっちゃうことが多いです

今回のまとめ

1

助けられる側でなく、相手を助ける側が
恋愛や結婚の主導権を握れる。
助けられることだけを求めていれば、
捨てられる危険や、そもそも
パートナーとして選ばれない可能性が。

2

結婚には
「**入れ物**」（公的な形式）と
「**中身**」（生活という実質）がある。

3

納得のいく結婚をするには、
「**止められない**ほどの**情熱**や**勢い**」か
「相手に対する**深い尊敬**や**信頼**」が必要。

ANNAさんの一言

自分の本当の姿に
ふれていく様はとても
ドラマチック……

結婚したいという多くの女性と話しますが、自分の望んでいるものがわからないため、あっちへ行ったり、こっちへ行ったりしているうちに、たとえば子供が産めなくなるなど、人生が自動的に決まっていくことが多いです。とはいえ、結婚することや子供を産むことだけが幸せだとはかぎりません。そもそも、どうして結婚したいの？と聞かれて、ちゃんと答えられる人なんて、たとえ既婚者であっても少ないのではないでしょうか。

CASE 5 ／ 後編 ／

現在付き合っているアーティストの彼は、ときめきも信頼もあるけれど収入がなく、ときめきはないけれど収入はある安定企業の正社員男性との間で揺れていたマリコさん。しかし、ANNAさんのするどい質問により、正社員男性は結婚候補にすら入っていないことが明らかに。そして、アーティストの彼との将来に踏み切れない、そもそも結婚というものがよくわからないというマリコさんに対し、ANNAさんがさらに心の奥底を探っていくことに……。

自分が本当に望んでいるもの…… 私はこれを「腹の声」と呼んでいます
ポーン
腹
しゃべるよーん
はらのこえ!?、
マリコさんには自分の腹の声が聞こえにくくなってしまっているようです
ゴゴゴゴゴ…
腹
きいてくれー
さぁマリコさんの腹の声を探っていきましょう……

どんな選択肢でも、「腹の声」にしたがうのが幸せへの近道!

マ　アーティストの彼と別れるのも嫌だし、結婚するのもピンとこないし、私ってなんなんだろう?　才能がある人に惹かれるけど、どこかで

「きちんと働いている人じゃないと」という思いがあるんです。

A　それはどうしてですか?

マ　自分の中で「社会人とはこうあるべきだ」っていうものがあるんです。社会で自分の役割をまっとうしていなきゃいけないというか、少なくとも身近な人にはそういう存在でいてほしいんです。

A　彼は役割をまっとうしてないんですかね?　バイトでも自分の食い扶持は自分で稼いでいるわけで、ただ単にマリコさんの理想とは違う稼ぎ方ということですよね。じゃあ「こうなるのが最悪」という状況って何ですか?　将来、どうなりたくないですか?　たとえばボロボロの部屋でうーんうーんとひとりぼっちで病気でうなっている70代の自分が、一番なりたくない自分とか。マリコさん自身、どうなりたいかがブレているので、逆に**何になりたくないかを考えた方が心の中が見えてく**

るのかなって。

マ　度を超えた貧困になるのは嫌です。旦那がギャンブルで借金作って、生活ができなくなったりとか。

A　そういう最悪を避ける意味では、アーティストよりは、一緒にいてときめきはなくても正社員の彼の方が良さそうですよね。

マ　それはそうですね……。

A　ただ、私だったらアーティストの彼を選んで納得して貧困になりますよ。本当に望んでいるもの……これを私は「腹の声」と呼んでいますが、そちらの方にしたがいますね。最悪を避けるには、あらかじめ最悪の事態を想定しておいて、「では、そうならないように何ができるか？」を考えて備えておけば、そうならないようにできますし。それに、たとえ旦那さんが優良企業に勤めていたって、保険がきかない大病にかかってしまうとか、いきなり女にはまって会社のお金を横領するとか、事故死してしまうということがあるかもしれない。本当に、何があるかなんてわからないから。

マ　そうですね。

A　それでは、もう少しマリコさんの腹の声を探らせてください。アーティストの彼との結婚はなぜありえないのですか？　彼にはときめきも尊敬もあるわけですよね？

マ　はい、パフォーマンスは素晴らしいですし、アーティストとして少しずつ認められてきてはいます。

A　今はお金につながっていないだけで、彼は仕事をちゃんとがんばっているじゃないですか。

マ　はい、そうですね。もう少し、食べられるぐらいになればいいんですけどね。

A　そうですか？　たとえば、年収1000万円以上とかになったら結婚したいですか？

マ　はい、したいです。

A　じゃあ、お金の問題だけ？　もし、ここが「お金のない世界」なら、彼と結婚しますか？

マ　「お金のない世界」、いいですねー（笑）。それなら彼と結婚したいです。

A　じゃあ、中身は結婚したいぐらい好きって思っているんですね。彼との結婚を阻んでいるものがあるとすれば、収入面と彼の結婚する意志だけですか？

マ　そうですね、たぶん。

A　収入だけならとてもシンプルじゃないですか。もっと売れて、たとえば、食べられるくらい稼げるようになればいいんですよね？　へえ、そうなんだ、じゃあお金の問題だけかー。アーティストの収入なんて、彼そのものとはあまり関係なく、売れるか売れないか、ある意味偶然で決まるようなことなのにねえ。

マ　あれ？　ええと……お金だけなのかな？

A　しつこいようですが、彼の本業に対する姿勢は尊敬できるんですよね？

マ　はい。

A　愛情もときめきもありますね？

マ　はい。

A　でも彼と結婚となると躊躇《ちゅうちょ》があるんですよね？　……それ、腹の声ですかね？

マ　え？　え？

マリコさんの腹の声を聞こえなくさせる「ある存在」こそがこの問題のキーだった！

A　彼はアーティストとしてすごく真面目にやってるじゃないですか。世の中には適当にやっている高収入の会社員もいますけど、そういう人の方がいいんですか？

マ　……それは嫌です。

A　ブレてますね。**一般に恋愛って、まず「この人がいい！」っていう「腹の声」があって、でも、もちろん、それだけじゃ結婚になると上手くいかないことがあるから、そのあとに現実のことを考える、っていうのが基本**かなと私は思うんです。だから、まず最初は腹の声ですよ。

マ　結婚となると、わかんなくなっちゃうんです。

A　それって、親の目を気にしているってこと、あります？

マ　うーん、ちょっとありますかねー。

A　ちょっと？　ちょっとですか？　じゃあ、ほかには何を気にしているんですか？

マ　……ちょっとじゃないですね。全部ですね。

A　じゃあ彼の収入が引っかかってる理由って、マリコさんが親の目を気にしているから、だけ

じゃないですか。

マ　あぁ、なんか頭がごちゃごちゃに……。

A　彼がお金を稼げば申し分のない結婚相手になるんですよね。やはり、親の目というのは気になりますか？

マ　親というか自分のメンツというか。

A　じゃあ仮の話でこんなことを言うのは申し訳ないんですけど……もしすでに親御さんが亡くなっていたらどうですか？

マ　それは……えっと、気にしないで結婚すると思います。

A　ということは、親に紹介できない、親に文句を言われる、彼がそういう相手だから結婚できないと思っているんじゃないですか？　ちゃんとした会社員の男性なら親が喜んでくれるとか。

マ　そうです、ちゃんと働いてるし文句は言わせねぇぞ、みたいな(笑)。

A　この問題の根本はそこですね。ご両親は堅い方たちなんですか?

マ　めっちゃくちゃ堅いです。一見すると普通の仲のよさそうな家族なんですけど……仮面家族とまでは言わなくても、正直言って、両親に心は開いてないです。

A　親が期待している自分でいなきゃという思いがあるとか?

マ　……あると思います。

A　なるほど、やはり、親の価値観や意見から作られた〝頭の声〟が邪魔をしてしまっていますね。

マ　頭の声??

婚活難民を惑わす〝腹の声〟と〝頭の声〟の戦いとはいったい!?

A **自分の心の声には2種類あって、自分の内側から湧き出てくる本心の声と、人の目や世間の価値観に影響されてできた声があるんですが、私は前者を〝腹の声〟、後者を〝頭の声〟と呼んでいます。**さっさと結婚する人は、2つの声のどちらかが強いんです。マリコさんに限らず、**ほとんどの婚活難民は、腹の声と頭の声がばらばらで、どっちもあるんです。**腹の声は「自分を出せる人と一緒にいたい」でも、頭の声は「安定した生活を得たい」「人に自慢できる人がいい」といったように。そして、その強さも割合も、そのときどきによって揺れ動くんです。マリコさんの場合、見た目や服装は個性があって自由そうだし、比較的、普段は頭の声より腹の声の方が大きいように感じます。実際

に、いつも物事を決断しているのは腹の声ですよね?

マ はい。でもたまに人生の分岐点などで頭の声がちらちら聞こえてくるんです。今まで、大学選びとか就職とか、だいたい頭の声に左右された結果、後悔することが多かったことを思い出しました。

A そうそう、**頭の声で決めてしまうと後悔するんですよ。**何かあったときに自分以外の何かのせいにしたくなっちゃうんです。

マ 親がどうとかデータ的なものとか、本当は私はこっちに行きたかったけど、親がそっちを勧めるならその方がいいかもしれないと思って選んでしまうと、やっぱりあっちにしておけば良かったなと後悔してしまって……。しかも、その後悔がずーっと残ってしまうんです。今回も安定感のある正社員の男性と出会ったことで、突然、頭の声

の発言力が増してきてしまったというか……。

A　やはり、自分の腹の声を聞くことが大事ですよ。まわりの意見も、状況を客観視するための材料として聞くのはいいことですけど、それがさも自分の本心であるかのように思い込んでしまうのは危険です。**腹の声は、他人は関係ない「絶対」の世界、純粋な自分だけの声**なんです。でも、**頭の声は、他人と比較した「相対」の価値観**なんです。だから、だいたいの場合、頭の声って不安を伴うんですよ。「30歳なのに独身でいいの？」「病気になったときに一人でいいの？」「親が認めてくれない人だけどいいの？」というように。**腹の声なら本当は結婚の〝中身〟が欲しいはずなんです。結婚という〝入れ物〟ばかりを欲しがるのは頭の声**です。まあ、入れ物と中身が一致しているのが一番いいですよね。

マ　私の不安は頭の声のせいだったんですね。

A　結局は婚活難民の人もそうだと思います。頭の声に振り回されて、「結婚していないと人間としてダメ」とか「独身でいるとまわりから欠陥があると思われる」とか、見えない敵を作って、妄想して苦しんでしまうことも多いんです。

マ　確かに……。わかります。

A　でも、**腹の声は力強いんです。前向きで力があるんです**。だからこそ、腹の声は無視したらダメですよ！　だってね、もしマリコさんが妥協して結婚して、それなりに安定した生活を手に入れたとします。でも心のどこかで夫のことを才能ある人と比べてつまらない人だなあと思いながら、「でも私は安定を選んだのよね」ってトントン大根でも刻んでる日々を送っていたとしましょう。そこに才能のある人が現れたりしたら。

マ　グラッとする確信があります（笑）。とりあえず、親へのメンツのために安定だけの男性と結婚したら、何かあるたびに後悔するような気がします。あ〜〜〜。この発見すごい〜〜！

腹の声は人の腹に届き、人を動かすパワーがある

A　私の友人は34歳で結婚したんですけど、もし、その4年前に亡くなった父親が生きていたら結婚できなかったと言い切っていますね。彼女いわく、父が学歴を最優先する人だったので、連れて行ける人がいなかったと。そう思うと、親の影響ってすごく大きいとは思うんです。でもね、結婚するのは親じゃありません。マリコさんの腹の声を家族に一言でも話してみたらどうでしょう。

マ　ええ？　家族に腹の声を言うなんて、想像もつかないです。

A　私の読者に親に反抗したことがなく、ガリ勉

一直線だった人がいるんです。彼女はある日、どうしても一人で海外のとある場所に行きたくなったんですけど、親が絶対に反対するから行動に移せないと悩んでいて。でも私が彼女に言ったのは、「**腹の声は人の腹に届き、人を動かす**」ということ。**頭の声で言うと頭の声で返ってくるけど、腹で言えば腹で返ってくる**から話してみては、と。実際に彼女は親に腹から伝えたら、行ってきなさいと応援してくれたそうです。

マ　実は親との関係がどこかで歪んでいるというのはずっと奥底にあって……。恋愛の相談のつもりがまさか親の話にまでなるとは、ビックリしています……。でもその一方で、〝やっぱりそうか〟という思いもあるんですよ。自分の行動とか考え方は親の影響がたくさんあって、そこからはやはり逃げられないんだなあと感じています。

A　私は以前、人生で行き詰まったときに「集中

腹の声は
自分の内側から湧き出てくる本音の声
腹
きいてー
ポン
頭
きけや
頭の声は
人の目や世間の価値観に影響されてできた声です
頭の声は不安を伴います
30すぎて独身とかどうなの
寂しいよなー
ずっとひとりでいるつもりかよ大丈夫かよ
孤独死コースだなコリャ
頭
独身仲間のユミちゃんもついに婚約しちゃったよ
これで仲間がだ〜れもいなくなっちゃったねー!
あの えっと あの
腹
でも頭の声だけを聞いて物事を決めてしまうと
ぽつん…
腹
……
こっち いいよ ホラ
後悔しますよ
グイ
頭
腹の声は強いです
前向きで力があるんです
腹
きいてー!!
腹の声を無視してはいけませんよ

内観」(※母、父など身近な人物に対して今までの関わりを「してもらったこと」「して返したこと」「迷惑をかけたこと」の3つのテーマに沿って思い出していく方法)というのを1週間泊まり込みで受けたのですが、ものすごくおすすめです。そのとき、まったく曇りのない腹の声を聞き、まわりの人や自分の人生に対する思いも変わりました。そして、腹の声にしたがってブログをはじめて、本にもなり、人生が一気に発展しました。興味があったら信州内観研修所を訪ねてみてください。(詳しくはHPをチェックしてみてください。)

マ　興味あります!

A　みんな、親が先生がこう言ったとか、友達がみんなそうしてるとか、世間からこう思われるとかで頭がいっぱいになっていて、腹の声ってなかなか聞こえないんです。だから、まずは**自分の内側の声に耳を澄ませてみる**ことからスタートですね。そうすると、玉ねぎの皮むきみたいに、思いが外側から1枚1枚むけていって、だんだん自分の本心にたどり着けるから。そして親に腹の声で話してみる。それが難しくても、**自分が何か思ったときに「あ、これは頭の声だ」と気づいていく**こと。これが習慣になると、本当に自由になれますよ。

マ　自由になりたい!　私、何を言ってるんだって感じだけど、自由になりたい!

A　マリコさんの結婚観がブレているのも、自分の物差しと親の物差しがごっちゃごちゃになっているんです。それがすっきりすれば話がシンプルになります。まずは腹の声を一本化しないとですね。今回のお悩みはアーティストの彼VS安定会社員という形ではじまりましたけど、結局は自分VS親だったんじゃないですか?

マ　ほんと、そうです。親の化身と戦っていたのか

もしれません。

A　腹の声がきちんと聞こえてきたら、モヤモヤがすっきりすると思いますよ。聞いた話ですけど、47歳まで独身だった女性が、結婚相談所で知り合った46歳の男性と結婚したんです。彼女はしみじみと「自分はこの人と出会うために今まで独身だったんだなあ」と思ったそうですよ。あるんですよ、そういうことが。今、結婚について悩んでいる女性はたくさんいると思うんですけど、**いくら結婚が遅くなろうがさみしい思いを経験しようが、そのあと、「これだ！」と思える人が現れて結婚したら、すべてチャラになるんです。**

マ　はい！　まずは、これを機に親と向き合う努力をしてみます。

今回のまとめ

1

人には**2種類の声**がある。
一つは、自分の内側から
湧いてくる“**腹の声**”、
もう一つは周囲の意見や
社会に影響を受けた“**頭の声**”。

2

腹の声を知るためには、
まず〝**お金のない世界**〟で
「この人じゃなきゃダメ！」と
思えるかどうかを**想像**してみて。

3

腹の声は玉ねぎの
皮むきと同じで、
いきなりは**聞こえない**もの。
時間をかけて少しずつ
耳をすましていって。

4

頭の声にしたがうと後悔が伴うことも。
納得のいく人生のためには、
自分の腹の声にしたがうべし。

ANNAさんの一言

多くの人は自分の“頭の声”と“腹の声”の区別がつきません。自分の「内側」に耳を傾けることが習慣になれば、徐々に腹と頭の区別がつくようになります！　マリコさんの玉ねぎの皮むきも、まだ始まったばかり。今回、親の影響に気づいたことで、親への反発心から解放され、もしかしたらアーティストの彼でもない、と気づいていくかもしれないのです。選択肢は二つではなく無限なのですから。

玉ねぎの皮をむく
ように自分の本心に
気付く様に感動。

A SEQUEL

婚活二股女子・マリコさんの後日談

「助けられる側ではなく、助ける側になれ」「頭の声より腹の声」など、胸に響くお言葉だらけでした。それから、「腹の声を聞け！　自分の後悔しない道を選ぼう」と意識するようになり、大げさかもしれませんが、かなり人生を主体的に生きるようになった気がします。

実は相談しに行くときは、「無料だし話の種になればいいや～」くらいの軽い気持ちで行ったのですが（笑）、恋愛を飛び越えて人生レベルで変わった！　と思います。

相談時の彼とは今でも円満に付き合っております。彼は相変わらず日銭を稼いではしばらく旅に出てしまうこともあります（笑）。でも、私自身がどっしり構えられるというか、会っている時間をこれまで以上に大切にしようと思えるようになりました。相談のキーワードになっていた結婚に関しては……残念ですが、ひいき目に見てもしばらくはないでしょう。むしろいつかあるのかすら怪しい状態なのは以前と同じですが、どうなっても自分の選択だから……と思いたいです。

相談のもう一つの大きな山であった親との関係そのものは大して変わっていませんが、相談前のように「親に申し訳ないから……」というネガティブな気持ちはなくなりましたね。自分の本当の気持ちを大切にしようと思えるようになりました。

CASE 6

不機嫌オーラ女子

今回の相談者はメーカー勤務のユミさん（31歳・仮名）。現在、1年前から同棲している彼がいて将来的に結婚したいと考えてはいますが、イマイチ彼が結婚に対して乗り気ではないとか。そして、つい元彼と比べてしまうそう。そもそも彼と本当に結婚したいのか？まわりが結婚していることに焦っているだけなのでは？というお悩みにANNAさんが答えます。そこから出てきた、男性の“しつけ法”は必読です！

●●●●は魔法の言葉！
あなたに懐く男の“しつけ術”

メーカー勤務・ユミさん（31）
ちょっと色っぽくてモテそうな
雰囲気のお姉さん
今の彼とは1年くらい付き合ってて将来的には結婚もしたいと思ってるんですけどー
彼とぶつかってモヤモヤするとつい元彼と比べちゃうんですよねー…
私のことを本当にわかってくれてたのは元彼だったんじゃないかとか思って…
なんかそもそも私結婚したいのかよくわかんなくなってきちゃって…
友達がどんどん結婚して焦ってるのか
結婚して、前の彼より今の彼が正解だと思いたいだけなのかわかんないんです…！

ついついやってしまう"不機嫌オーラ"は男を遠ざける!

A　元彼とはどのくらいお付き合いをしていたんですか?

ユミ(以下ユ)　元彼とは、今の彼の前に8年間同棲していました。でも、今の彼と付き合うことになったので、今の彼のことは言わずに、「気持ちが離れた」と押し切って別れました。

どうして同棲をはじめたんですか?
あー…まあ私1人の稼ぎではちょっと厳しいんで…
家賃は彼に払ってもらって光熱費は私が払ってるんですけど

A　別れた原因は今の彼だったんですね。別れたあと、元彼とは会われたんですか?

ユ　別れてから3回くらい食事に行きました。今の彼と付き合ってみて、やはり元彼の方が自分に合っているような気がしてしまって。

A　元彼にはそのことは話したんですか?

ユ　はい、昨年の夏に「戻りたい」と言ったんですけど、今はもう彼女がいるから無理だと言われました。彼の性格からして、無理と一度言ったら無理なので彼のことは諦めることにして、それからは今彼と上手くいくようにがんばってはいるんですけど……でも、どうしても比較しちゃうんですよ。

A　どういったところを?

ユ　私が飼っている犬を積極的に可愛がってくれないところとか。あとは、元彼は私に全部合わせてくれていたけど、今の彼は私の悪いところを矯《きょう》正《せい》しようとしているというか……。

なんかー 彼がスゴイ私にダメ出しとかしてきてー…
私はほめられたいのにー…
それでなんか私も不機嫌になったりしちゃって…

A　どうして今の彼と同棲したんですか？

ユ　正直、経済的なところが一番の理由ですね。犬も飼っているし。私、一人暮らしってしたことがないんです。それまでもずっと元彼と同棲してましたし、どこかで、男性に経済的にも支えてもらいたいっていうのがあって。依存しているのは自分でもわかっているんですけど。

A　今の彼のことは好きなんですか？

ユ　そうですね、好きだとは思います。でも、付き合いはじめの頃が一番好きだったかな。結婚するならこういう人がいいのかなと思ってました。

A　どんなところが？

ユ　前の彼より、今の彼の方が経済力もあるし、貯金もしっかりしていますね。元彼も普通に働いてはいますけど、割とその場でお金を使ってしまうタイプだったんです。ただ、精神的には元彼といた方がラクだし、私には元彼が合っていたんじゃないかなって。彼に復縁を断られた去年の夏からは、気持ちを切り替えて今の彼と結婚したいと思って口に出しているんですけど、なんとなく彼が煮え切らなくて。

A　なるほど。ちなみに、今の彼の立場に立ってみると、彼は「ユミさんと結婚したら幸せになれる」というイメージを持てると思いますか？

ユ　うーん、そういうイメージが持てないから彼は渋ってるんじゃないかな。

A　それはどうしてだと思いますか？

ユ　私の感情のアップダウンの差が激しいことと

か。特に話し方がキツイことを彼は嫌がっていますね。もっと穏やかな子が良いって言ってました。私としては、話し方は直そうとは思ってるんですけど。あとは、いつも不機嫌そうなオーラを出していることかな。

A　ユミさんは彼といて楽しくないんですか？

ユ　なんか、元彼だったらこうしてくれたのにと思ってしまったり、私は褒めてほしいのにダメ出しばかりしてくるところが嫌になっていて、不機嫌オーラが出ているのかなって。

A　で、それでも彼と結婚したいんですよね？

ユ　私が直していけば良いことなのかもと。父がいつも家で不機嫌で、それがすごく嫌だったのに自分が同じことをしてしまっていて。ある意味、彼はそんな私を正してくれるのかなって。彼のようなダメ出しをしてくれるタイプの方が自分も変われていいのかもしれない気もします……。

A　この1年でユミさんは何か変わりました？

ユ　料理をするようにはなりました。それまではまったくしなかったんです。

A　それは大きい変化ですね。ところでユミさんは、今までどういう男性を好きになることが多かったんですか？

ユ　自分をそのまま素直に出せる人を好きになることが多いですね。何でも許してくれるような人。私、褒められて伸びるタイプなんです！

A　あれ？　じゃあ、今の彼じゃないですよね？　無理に今の彼が良いと思おうとしていませんか？

ユ　……そうですね、真逆ですよね。

彼と結婚したいなら感情の出し方を変える必要があります
CHANGE
不機嫌な感情は持っていてもいいので、彼と上手につきあう方法をとりましょう
上手につきあう方法…って
そう！今のユミさんはイライラをそのまま出しちゃってますね
NO!
それではダメということです
どうしたらいいんですか!?

彼がしてくれることに、"あたりまえでしょ"な態度は一番NG！

A　それでも結婚したいなら、何よりも、ユミさんは**感情の出し方を変える**こと。たとえば、不機嫌をそのままダイレクトに伝えたとしましょう。

それってお互いが不機嫌になるだけですよね。

ユ　はい、誰も得しないですよね。でも、上手な感情の出し方がわからないんです。

A　彼に対して不機嫌になるのはどんなとき？

ユ　向こうが家事をしてくれなくて、家事はあたりまえに私がやるものだと思っているところが嫌ですね。あと、彼がスケジュールをギリギリまで教えてくれないときです。私が連れてきた犬を飼っていて、家で面倒をみる人が必要なので外泊とか気軽にできないんですけど、「この日は犬をお願い」と頼みたいのに、いきなり友達と旅行に行っちゃったりとか。

A　犬の面倒はみてくれるときもあるんですよね？

ユ　はい、私が実家に行ってるときとかは、みてくれてます。

A　でも、自分が好きで飼ったわけじゃないのに、面倒をみてくれるってすごくないですか？「お前が連れてきた犬なんだから、俺は面倒みない」って言ってもいいわけですよね。

ユ　そうですね……それは初めて気づきました。しかも前の彼と一緒に飼いはじめた犬なんですよ。だけど、私が犬を飼っていることは最初から知ってたんだし、元彼は面倒をみてくれてたし、一緒に面倒をみるのはあたりまえでしょって思っていて。

まずはね とにかく 感謝を 伝える
ありがと～ ほんっと たすかったあああ 神～～
1回やってくれたら 100倍ありがたがる
いいよ 別に こんくらい
そうするとね 男の人は嬉しくて またやってやろうかなって 気になりますから

A　**男を転がすと考えたときに、〝あたりまえでしょ〟が一番NG**なんですよ。相手に何かしてもらったら100倍くらいに感謝して返してあげないと。

ユ　でも、本当に転がりますかね～？

A　もうね、コロッコロに転がりますよ！

ユ　そういうワザが知りたいです。

自分次第で男性をコロッコロに転がせられる、〝しつけ術〟を伝授！

A　たとえばですが、彼が犬の面倒をみてくれたら、とにかく感謝する！「いつも面倒みてくれているから、犬に代わってお礼のプレゼントだよ」ってちょっとしたものをあげてみるとか。「こんなに面倒みてくれる人ってなかなかいないよねー」って言ってみるとか。**100個褒めてあげるくらいの気持ちで。**

ユ　きっと男性はそうされたら嬉しいですよね。

A　二人は今、お互い不満を持っていて、相手に変われとばかり思っている。思いやりとか優しさっていう潤いがなくて、カラカラに乾いて地面がひび割れになっている砂漠みたいな状態なんですね。お互いに砂漠状態。

ユ　ほんとにそうです。頭ではわかるんですけど、

感謝を伝えるってみなさんできていることなんですか？　イライラしたときにはどうしてるんですか？

A　イラッとしたときに、いったん自問自答をしてみることです。私のお水時代の友達が結婚して、今は団地妻みたいになっているんですね。近所の奥さん同士で、「うちの亭主が何にも家事をしない」と井戸端会議で愚痴を言い合って盛り上がっているらしいんです。彼女からそれを聞いて、「私たちと結婚すれば、その旦那たちも喜んで家事をやるのにね～」って話してたんですよ。

ユ　わあ、すごい！（拍手）　そうなりたい！

A　そのためには、まずワンクッション置いてみる。男をコロコロ転がす転がし屋さんだって、何もしない旦那を見れば一瞬イラッとすることもあります。だけど、そうですね、たとえば、知らないおじさんが歩いてきて、若い女性にいきなり「Hさせ

てくれ」って言ったらどうなりますか？

ユ　それは、変な人扱いで無理ですよね（笑）。

A　今のユミさんはそれと同じで、欲望をそのまま出しているんですよ。たとえば、そのおじさんが若い女性とHしたいならば、彼女から尊敬される立場に立つとか、高いものを買ってあげるとか、芸能界デビューをちらつかせるとか、彼女が**そうしたくなるような何かしらのアピールやアクションが必要**ですよね？　それって、ワンクッション置いてますよね？

ユ　そうか、私は感情がだだ漏れだったんですね。

A　そうです、そうです。男性は競争意識があるから、「まわりに聞いてもこんなに手伝ってくれる人いないよ！」とか、**他よりも優れているという自己イメージを植えつけてあげる**。まず「**やってくれなくて当然である」という考えからスタート**させてみましょう。犬がトイレを覚えたら、よくできたね～すごいね～って褒めてしつけますよね？　要はそれと同じ〝しつけ〟なんです。

ユ　しつけかあ！

A　そのためにはまず、**自分をしつけて**ください。今までのユミさんは、「彼がこうしてくれない」「彼が褒めてくれない」など、物事の原因を全部彼にしてしまっていたんです。だけど、彼が自分の望むとおりにしてくれないと不機嫌になる、彼が優しいと機嫌が良くなる、それってユミさんの感情は全部彼によって決まるってことですよね？　彼が原因

で、ユミさんは結果。

ユ　うわぁ、それは嫌ですね。

A　**本当に欲しいものを手に入れるためには自分を原因にしましょう。**そのために自分をしつけましょう。**相手に感謝したり立てたりして、いったん自分が下に立つことで、最終的に自分の望む環境を手に入れられる**んです。100個いいところを褒める、どんなに小さなことでもありがとうと伝える。おおげさなことではなくて、醤油をとってもらったらありがとう、そういうことでいいんですよ。あと、**「優しいね」は万人に効果があります。優しいって言い続けているとだんだんその人は、本当に優しい人になっていきますよ。**だって、ユミさんも言われたらうれしくないですか?

ユ　確かに、私も相手に優しくしてあげたくなるかも。でも、自然にできるかな〜?

A　**不自然でも良いんですよ。相手に感謝をしようとしているその気持ちは伝わるから。**

ユ　なるほど……そっか。

良い部分を増やすより、悪い部分を減らす方が結婚には直結

A　そうしていくと、彼にとってユミさんとの未来が明るく安心するものに感じられて、結婚後のイメージがつきやすくなるんですよ。今のままだと、結婚結婚と言われても、俺はお前を養う道具なのか?と思ってしまいますよね。あとね、これは結婚を意識しているみなさんにお話ししているん

どんなに大好きな相手でも結婚するとなった途端「負の要素」が目についてしまうものです
それを出来る限り減らすことが結婚への近道なんですよ
かわいくて色気があって明るいよー
でもキレやすいしワガママで勝手だよー

ですけど、**良い部分を増やすより、悪い部分を減らす方が結婚には直結**します。**10個良いところがあっても、1個の悪いところがそれを上回ってしまうこともある**んです。悪い部分を減らしていく方が、結婚してもいいかなと思えるようになります。

ユ　わかります。私も付き合ってるだけなら気にならないところも、結婚を意識した瞬間からすごく嫌だと感じていました。どうしてなんだろう?

A　投資と一緒ですよね。**付き合うだけなら面白そうなベンチャー企業を一瞬買ってもいいけど、長期保有なら安定株を選びます**よね。

株を買うのと同じで
長期保有するなら
いい部分もあるけど
悪い部分もある
ベンチャー株より
悪い部分の少ない
安定株が
欲しいですよね
結婚相手に選ばれたいなら
悪い部分を減らすのが吉です
不安定
安定

ユ　はい、自分でも超安定企業を買ってしまうかも。

A　しばらくは結婚の話はせずに、3ヵ月でも半年でも、自分と彼をしつけて、安定株としての実績を作ってから結婚の話題を出してみましょう。

ユ　最近、友人がどんどん結婚していって、焦ってたんですかね、私。

A　**結婚がしたいんじゃなくて、置いてけぼりになるのが嫌なだけ**ですよね。それは相手にも伝わりますよ。〝結婚〟という入れ物だけ求めても中身がどこにもないんですよ。純粋にこの人と結婚したいのか、まずはそこから考えるべきですね。今、自分が22歳だったとしたら、彼と結婚したいですか?

ユ　私が今、22歳だったら彼とは結婚しないですね。でも、結婚してしまえば、それなりになんとかなるかなとか考えていて……。

A　結婚したら50年一緒ですよ？　しっかり考えて買い物してくださいね。結婚という〝箱〟を手に入れても中身が変わらないなら、今の生活のままで、むしろもっと息苦しくなるだけですよ。

ユ　付き合った当時は結婚するなら彼だって思ってたんですけどね。ちゃんと先のことを考えて、貯蓄や投資などをしているし。

A　彼が先のことをしっかり考える人なら余計に、今の先が考えられないユミさんのままじゃダメじゃないですか。自分をしつけなくちゃ。ちゃんと未来のことを考える彼が、今のユミさんに投資しますか？

ユ　ああ、なんだかしっくりきました。

A　そもそも、最初に良いと思ったのが幻想だったということはないんですか？

ユ　お互いにあると思います。今は干からびた砂漠同士ですから（笑）。

A　枯渇しちゃっているから、まずは感謝を伝えることで潤してください。そして、**不満はノートに書いたり外で話すようにして、本人には向けないこと**。不満をそのまま本人にぶつけるのって、相手からすれば「お前はダメだ！　変われ！」って言われていることと同じです。**人って変われ！って強制されると変わりたくなくなるんですよ。「そのままでいいよ」って言われるとむしろ変わりたくなる**ものなんです。

ユ　ああ、私がそうだから、よくわかります！

A　そして、どうしても相手に言いたいときは、**1つの不満に対して、10個以上の良いところを言うようにする**。あのね、一言で言うと、ユミさんは自己中なんです。

ユ　……そのとおりですね。

居心地良くいるために、「上手い自己中」を極めるべし

A　でも、私だって自己中です。ユミさんよりもっともっと自己中（笑）！　だからこそ、自分をしつけて、自分の望みが全部かなうようにしてきたんですよ。世の中の社長とか成功者もみんなそうで

ユミさんは自己中です
でも自己中が中途半端！
もっともっと筋金入りの“上手い自己中”になりましょう！
でもね いいの 自己中で！
ガーン
筋金入りの自己中になれば欲しいものは何でもゲットできますよ
そのためにしっかりと自分をしつけて、彼を喜ばせてくださいね
ハイ やってみます！

すよね。**自分の望みをかなえるために、自分をしつけて望みどおりにことを運ぶ**んです。まず自分をしつけて、**上手い自己中**になってください！

ユ　“上手い自己中”っていいですね！

A　たとえば、彼が進んで犬の面倒をみるくらいにしつけてみてください。「この子たちって、あなたの方に懐いてるよね～」とか「こんなに喜ぶのはあなたに対してだけだよ」とか言って喜ばせてあげて。彼が喜んでニコニコしていれば、ユミさんも機嫌良く気持ち良くいられますよね。自分をしつけることって最初は大変に思えるかもしれないけど、得られるものの大きさがわかってくれれば、逆に、今まで自分がどんなに損していたのかわかりますよ。こんなご褒美があるものなのか！って感じられるようになりますから。

ユ　まずは自分のしつけからはじめてみます！

今回のまとめ

1

自分自身のしつけをして、自分を**「結果」**から**「原因」**にしよう。

2

どんなに**小さなこと**でも**感謝**を伝える。
優しいと言い続ければ**本当に優しい人**になっていくもの。

3

良い部分を**増やそう**と考えるよりも、
悪い部分を**減らす**ほうが**結婚への近道。**

4

彼を上手にしつければ、自分にとっても**居心地の良い環境**が手に入る。

まさかの自分と
彼をしつけるという
話に！面白い。

ANNAさんの一言

ユミさんのお話を聞いて、「あの人にしようか、この人にしようか」、「結婚したい、したくない」という前に、まずは下手な自己中から脱却して、今の彼との関係を良好なものにすることが先決だと思いました。今のままでは、誰と付き合っても結婚しても、砂漠の関係になったり、不満でいっぱいになってしまいます。でも「もっと一緒にいたい」「一生離したくない」と思われる女性になっておけば、選べる立場に立て、選択の幅が広がるのです。

A SEQUEL

不機嫌あからさま女子・ユミさんの後日談

アドバイスでいただいたように、イライラしたときにそれをダイレクトに彼にぶつけるのをやめるように意識するようになりました。そのあとのことを想像するのはかなり効果がありますね！　自分にとってデメリットが多いとわかってくると、前より少しは冷静になれます。そして、些細なことでも「ありがとう」と言うようにしたら、相手も前より少しは「ありがとう」と言ってくれるようになりました。結局自分のやってることがいいも悪いも自分に返ってくるんだなと思うようになり、多少は自分の感情をコントロールできるようになってきたつもりでいます。相手云々の前に、自分をしつけるというのがかなり難しく、一番の課題ですね。パートナーには「すべてを受け止めてほしい」という思いが根深くあり、〝上手い自己中〟にはほど遠いです……。でも、ANNAさんに色々アドバイスを聞いて、自分という人間を一歩引いてみれるようになってきたと思います！

実は、相談後しばらくして、妊娠が判明。それを機に結婚することになり、現在は子育ての真っ最中です。さらに彼との関係を良くしたいと思うようになったので、上手い自己中になって彼を操れるようにがんばります！

それね
すごい危険ですよ

CASE

自傷恋愛女子

今回の相談者は、インテリアデザイナーのエミさん（31歳・仮名）。現在、特定の恋人はいないものの、セフレ関係が1年以上続くリッチな男性をキープ状態。しかも数日前にはまた別のイケメンとも肉体関係を持ってしまうなど、性や恋愛に対してはかなり自由奔放な様子。しかし、最近になってそんな自分にふと不安や焦りを感じ、恋愛のスタートの仕方を変えたいと思うようになったのだとか。そんな彼女に対してANNAさんは、恋愛対象を選ぶ際の“ある基準”について話をしていきます。

“恋愛の栄養バランス”を知って、
ダメ恋スパイラルから脱却！

今回はエミさん(31)
クラブとか飲み会大好きのインテリアデザイナー

恋愛の「幸せ度」「長続き度」は、〝恋愛のモノサシ〟によって決まります

エミ（以下エ）　私は、好きになる相手をいつも顔や収入、地位や名誉とかで選んでしまうんです。それで、この人を落とせたらラッキーみたいに思ったりして。でも、落とせたとしてもちゃんと付き合うわけではなかったり、付き合っても自分から飽きてしまって長続きしないことが多いんです。30歳を過ぎてから出会う相手はどんどん年下になっていくし、こんな風にゲーム感覚で〝ヤっちゃった〟なんて、30過ぎてするこ

とじゃないなって思うようになって。それに、私の男関係の話を面白がってくれていた友達がどんどん結婚していくのを見ていたら、焦りも感じはじめて、今までのような恋愛を変えたいなと思ってるんです。

A　なるほど……。これまでかなり自由奔放に恋愛を楽しまれていて、一時的に肉体関係を持った人も多いとのことですが、お話を聞いている限り、エミさんにとっての男性って、嗜癖《しへき》ですよね。

エ　嗜癖ですか？

A　酒・タバコ・ギャンブルのようなものです。一時しのぎの気晴らしみたいな。

エ　気晴らしというか、癒しというか……。

A　その癒しってやっぱり一時的なものだから、嗜癖に似ていると思うのですがいかがでしょう？

エ　う～ん、言われてみればそうかもしれないです……。イケメンとHできてラッキー♪みたいな。

あとから携帯のアドレス帳を見て、こいつもヤった、こいつもヤった、って振り返ったときに、ウフフ♡という楽しさもあるし。

A　振り返ってみてウフフってなるのは、自分のこれまでの勲章やトロフィーを見ているような感覚ですか？

エ　それもある気がします。

A　それってやっぱり男性を人間として見ていないと思うんですよ。モノとして見ている。

エ　うーん、やっぱりそうなんですかね……。

A　ちなみに今まで親友みたいになった男性で、かつ恋愛関係に発展した男性っていますか？

エ　残念ながらいませんね。

A　おそらくいないですよね、その感じだと。**恋**

愛で相手との人間関係を築く際に、実は〝親友〟っていうのが大事なキーワードになってくるんです。ここでちょっと〝恋愛のモノサシ〟についての話をさせていただきます。

エ　モノサシ……?

A　男性も女性も全員、その人のモノサシっていうのを持ってるんですよ。たとえば、恋愛だったらキレイな人がモテると思いますよね?　まぁ、実際モテます。でも美人が必ず幸せになっているかというと別だと思いませんか?　一方で、全然キレイじゃないのにすごく幸せになっている人もいますよね。

エ　確かにそうですね。

A　なぜ、幸せになれる人となれない人がいるかというと、持っているモノサシが違うからなんです。今お話を伺った感じだと、エミさんが持っているモノサシはかなり偏ってるようですね。はっきり言ってしまえば、今のモノサシのままでは恋愛や結婚をしても幸せにはなれないと思うんです。

エ　えっ、そうなんですか……!?　どうしたらいいんですか……?

A　恋愛には、相手を好きって気持ちがありますよね。その好きな気持ちって実は3種類に分けることができて、まず〝栄養〟という種類の好き、次に〝おやつ〟という種類の好き、3つめが〝毒〟という種類の好きになるんです。

エ　栄養、おやつ、毒……。

A　**栄養の好きっていうのは、尊敬できるとか信頼できるとか、自分を本当に愛してくれて理解してくれている、といった種類の好き**ですね。要は恋愛うんぬんではなく**人間関係の土台**になるような部分なんですね。次に**おやつというのは、恋愛と言われて思い浮かべる、ときめきの要素**だと思ってください。イケメンだから好き、お金持ちだから、有名だから、イケてる職業だからとか。一緒にいて、すごく好き！ときめく！Hしたい！というような気持ちです。

エ　あ、まんま私だ、これ（笑）。私のモノサシってこれですね。

A　そして、**毒は、人間関係を壊す要素のすべてです。会うたびに喧嘩する、DV、あと生理的に受け付けないとか、相手にイライラモヤモヤする、**ということもそうです。**恋愛における障害**もそうですね。毒の好きというのは、相手が自分に依存してくれるから嬉しいとか、ダメな自分を言葉による否定や暴力で矯正してくれるから好きとか、人に反対される恋愛、許されない恋愛だから燃えるとかですね。そのままいくと**未来に健全な関係が待っていない、それどころか関係が壊れてしまう**ような種類の好きです。

食事にたとえれば、栄養っていうのは、米や魚、野菜みたいに体を作るのに欠かせないもの。おやつはチョコとかアイスとか、あったら嬉しいけどなくても生きられるものです。そして毒は、麻薬とかタバコとか、お酒。過剰に摂取すると病気になったり死んじゃったりします。**栄養は健康で丈夫な恋愛関係を作り、毒は恋愛関係を病気にしたり殺したりする**んです。

エ　なるほど～！　わかりやすいです！

A　栄養がない恋愛は続かないんですよ。でも、栄養だけがあればいいかというとそうではないんです。たとえば、栄養100の相手っていうのは、すごく尊敬してるおじいちゃん先生とか。

エ　それは恋愛するの無理ですね。

A　ですよね、そんなおじいちゃん先生を尊敬はできても、ときめきもなければ喧嘩もない。そんな人と結婚とか恋愛するなんて普通は無理じゃないですか。だから栄養100なんて相手とは恋愛にならないですよ。で、エミさんはというと、恋愛におやつしか求めていないですよね。

エ　そうですねぇ。

A　**おやつは恋愛のスタートの火花を散らしてくれるもの**なんです。だから恋愛って最初は盛り上がるんですけど、3ヵ月くらいすると最初のときめきがなくなって、だんだん相手の本当の姿が見えるようになってきますよね。そのときに、おやつしかない場合は「あー、なんかもう飽きちゃった」ってなって関係が終わるんですよ。

エ　それいつも言ってます～（苦笑）。

A　エミさんは〝おやつ100〟っていうモノサシだから、栄養なんてまったく見ないで、いかに自分がときめけるか、キモチイイか、しか見ていない。そういう人は、いくらキレイでモテても幸せになれないんです。長続きもしないです。

エ　確かに、これまでは完全におやつ目当てで男性を選んでいました。長続きしないですね……。

A　実はね、毒も少しは、なくちゃいけないんですよ。毒がない関係だと、ダラーっとした深みのない関係になっちゃいます。たとえば、親友とちょっと険悪になることってありますよね。それは人と人が真剣に理解し合おう、付き合おうとしているから。**人と人が親しくなろうとして本気で関わると、必ず毒は出ちゃう**んです。栄養、おやつ、毒というのは、どれも恋愛に必要な要素なんです。バランスさえ間違えなければね。

エ　え？　どんなバランスですか？

相手選びには〝栄養、おやつ、毒〟の黄金比率を基準にせよ！

A　私は**栄養58、おやつ29、毒13**を基準として提案しています。この数値の細かさにはちゃんと理由があるんです。（詳しくは『本当に好きな人とずーっと幸せになる本』〈廣済堂出版〉を参照してみてくださいね。）この基準と自分の恋愛のモノサシを比べてみると、自分の恋愛は栄養が少ないなとか、おやつが多すぎるなというのがわかるんですよ。エミさんの場合は栄養が極端に少ないです

よね。

エ　そうですね、少ないです。

A　**その人のことをすごく信用できる、その人は自分の内面を見てちゃんとわかってくれている、なおかつ自分を好きでいてくれる、だから好き。そういう選び方が栄養たっぷりな恋愛を選ぶということ**なんです。でもエミさんはそういう部分

よりも、相手のルックスとかお金とかのおやつが勝ってしまう。

エ　実は少し前に、あんまりルックスがイケてない人と付き合ってみたんです。でも、キモイとか思っちゃったりして。その人が家を出たあと、絶対に部屋に消臭剤をスプレーしてましたもん(笑)。

A　生理的に受け付けないのならそれは毒ですね。えっと、その人はおやつはゼロでしたか？　ときめきとか感じなかった？

エ　なかったです。ちょっと職業が変わっていて、そこに惹かれたくらい。

A　変わった職業に惹かれたのはおやつですね。なぜその人と付き合ったんですか？

エ　友達から、「顔が良くなくても自分をちゃんと好きでいてくれる人と付き合ってみた方がいいよ」って言われたんです。

A　それは外見ではなく、中身でつながる良さを

知るためにということですか？

エ　そうです。でも私に、中身というか、栄養部分を見る目がなくて……。あ、でもその人とは唯一、1年半くらい続きました！

A　じゃあ、その人との間には信頼とか安心とかがあったんじゃないですか？

エ　そうですね。信頼とかはありました。でも、どうしても好きになれなくて……。

A　ほら、さっき言ったみたいに、恋愛にはおやつも必要なんです。だから、おやつがほとんど0で外見が受け付けなくても自分を好きならいい、という選び方も、これはこれでバランスが崩れているんですよ。3要素のバランスのとれた相手の選び方にはコツがあるので、これからお話ししますね。

エ　はい！　ぜひ教えてください！

これを基準に見ていくとエミさんの恋愛は栄養がないですね
でも私 私のことを好きなブサメンと付き合ってみたりしたんです！
でもなんかキモくて…
…それは栄養というのか…？
栄養があってイケメンだったらいいのに…
いますよそういう人 絶対
…ホントですか？
いますいます
では次に栄養の人の見分け方をお伝えしていきますね
お願いします

今回のまとめ

1

いくら美人でモテていても、
恋愛のモノサシの
バランスが悪ければ恋愛で
幸せになることは**できない。**

2

栄養ばかりではなく、
おやつや**少しの毒**も必要。

3

恋愛のモノサシは
食べ物にたとえるとわかりやすい。
相手選びが上手くいく黄金比率は、
栄養58：おやつ29：毒13。

ANNAさんの一言

一般に恋愛とは“おやつ”のことだと思われています。ドキドキしながらデートしたり、手をつないだり、チューしたり、などですね。雑誌やドラマなども恋愛をそういうものとして伝え続け、ああ楽しい、恋はいい、恋しなきゃね！と私たちをあおります。だから恋愛の３要素の話をすると「私のモノサシにはおやつが多すぎました……！」と言う人がとても多いです。トキメキは重要ですが、永続する恋愛に最重要なものではないのです。

CASE ／ 後編 ／

"おやつ"オンリーの恋愛を
くりかえしてきたエミさん(31)
そんな彼女が幸福な恋愛を
するためには－・・・

ゲーム感覚の自由奔放な恋愛ばかり繰り返していたところ、「栄養・おやつ・毒」の3つの要素から成る“恋愛のモノサシ”が、基準よりもかなりズレていることをANNAさんから指摘されたエミさん。どうすれば恋愛の栄養バランスがとれた人を選べるのか？ そして、エミさんが幸せな恋愛と結婚をするために一番大事なことは？ その重要なポイントをANNAさんから学びます。

〝ときめける人〟の中から、栄養の相手を見つけていくのがコツ

A　まずエミさんには、〝恋愛のモノサシ〟の基準である栄養が58、おやつが29、毒が13くらいの人は絶対に見つかるということを知ってほしいんですよ。この数値は基準なので、おおよそでいいです。見た目が好みで、かつ話も合って好きでいてくれる人っていうのは、そこまで無理難題ではありません。

エ　そうなのかなー？　いるのかな？

A　絶対にいますから、そういう人！　まず、おやつはルックスや肩書きですぐにわかりますよね。というか自分がときめくか、ときめかないかなんて、すぐにわかるので、そこでまずふるいにかかるじゃないですか。**たとえば男性が10人いるうち、ある程度ときめく人が3〜4人残ったとしたら、その中から自分と一対一で向き合ってくれる人、つまりエミさんを唯一の本命と見てくれて、正式に付き合ってくれる人を選べばいいんです。**

エ　あ〜、なるほど。

A　本当は生理的にどうしても受け付けない人だけを除外してから、残りの人から栄養の相手を見極める方が間口が広がるんですが、エミさんはおやつ依存症なので（笑）、まずはときめきでふるいにかけましょう。関係の進め方については、〝恋愛の地図〟（63ページで詳しく紹介しています）を参照してみてください。

エ　本命として見てくれる人を簡単に見抜くポイントはありますか？

A　ただの毒やおやつでしかない、とりあえず1回ヤろうよみたいな人の会話って、「いつもどこで遊んでどこで飲んで、それでどこのクラブに行って」とか、そういう浅い話題ばかりですよね。でも

エミさんとちゃんと向き合おうとしている人であれば、**ときには自分にとって一番大事な仕事や家族、生き方のことなんかも等身大で話してくれる**と思うんです。**価値観の一致**も重要なポイントですね。だからまずは、そういう栄養のある話題をちゃんと話せるかどうかですね。親友同士ならこういう話題って普通にできるじゃないですか？

まずは
〝おやつ〟のある人でふるいにかけましょう
どうしてもムリな人を除ける、でもいいです
ときめく人を残す

やっぱり**親友みたいに話せる**っていうのが大切なポイントなんです。これまで出会った男性でそんな風に話せる人はいなかったんですか？

T　つい最近1回だけヤッちゃったイケメンなんかはそうかもしれないです！　初めて会ったときから仕事についての話とかを真面目にしてました。

A　でも出会って1週間しか経ってなくて、1回だけHしたらすぐに冷めてしまったんですよね？

T　そうなんですよね。HしたらAVの見すぎかって言いたくなるようなオラオラの俺様プレイで完全にドン引きしました。

A　ほほぅ……俺様プレイですか(笑)。それでも会話は栄養だったと言いますが、この場合はモテ男のテクニックだったかもしれませんね。男の人ってHした女の人数＝男の価値って思ってる人も多いし、とにかく1回やりたいっていうのが一番になっていることもある。特に若い頃はね。そういう人はHするまで相手の女性が望むようにふるまえるんです。本当に栄養という人間関係の土台があれば、そういうHは嫌だということも、ちゃんと話せたかもしれません。でも、たったの1回で冷めてしまったんでしょ？

I　そっか、そうですよね！

A　私だったらすぐに関係を持たないで、友達以上恋人未満っていう関係を1ヵ月ぐらいはキープしますね。ちゃんと栄養がある人かどうか見極めるためにも。

I　本当はそれぐらい必要ですよね。

A　今のような、そのときだけの快感を求めるような恋愛ではなく、**結婚につながるような恋愛をしたいと思うのであれば、自分を出したときに、ますます好きになってくれる人を見つける**。これに尽きますよ。

I　男性にこんなことしたり、言ったりしてあげれば喜ぶんだろうなってことはなんとなくわかることがあるので、そのとおりのことをしてあげるときはありますね。「こうすれば喜ぶんでしょ〜？　わかってるよ、フフ」みたいな。

A　それって素の自分じゃないですよね。そういうお芝居ではなく、**自分の内側から出てくる本心である〝腹の声〟で話して関係を作ってみてください**。その上で「喜んでほしいな」「役に立てて嬉しいな」と心から思えて、してあげるのが栄養の関係です。素の自分を出すといっても100％全部丸出しというわけじゃなくて、自分の〝**核の部分**〟で接するということ。その上で惚れてくれる人を見つけるんです。大事なのは素の自分です。

I　……素の……自分……？

心を麻痺させているうちに、恋愛の自傷癖を持ってしまう

A　私が、なぜすぐに男性と関係を持たないかというと、関係を持ったとたんに相手の態度が変わ

ると、ものすごいショックだからです。過去にそういうことがあって、そのとき自分が、噛んだあとにポイって捨てられたガムになったみたいな、本当にみじめでむなしい気持ちになったんです。エミさんはそういう経験をしたことありませんか？　ただ、イケメンとHして楽しいって感情だけなんですか？

エ　もちろん、100％楽しいってわけじゃないです。ときには嫌な思いもしますし……。

A　嫌な思いというのはたとえば？

エ　関係を持ったあと、そこからお互い連絡をとらなくなったりして。「あーまただよ！」「やっぱりダメだったか～」とか「あー、そうきますか」とか思うんですよね。

A　みじめな気持ちとかじゃなくて、「そうきますか」って思うんですね。エミさんは、今も1年以上続いているっていう高スペックのセフレ男性と付き合えたり、結婚できたら嬉しいですか？

エ　そうですね。嬉しいと思います。

A　でも、もし結婚しても、エミさん絶対浮気しますよね？

エ　しますね。だから、そのへんは価値観が同じ人じゃないと結婚できないです。

A　え、価値観が同じって？　相手が浮気しても

それから〝栄養〟は
親友みたいに話せるかどうか
自分にとって大切なこと…
仕事の話なんかも
家族や生き方のことなど深い話を等身大で話せるかどうか、価値観が合うか
だったらこないだのイケメンカメラマンがそうでした！
…でもすぐ飽きちゃったんですよね？
そーそー もードン引きしちゃって
……それは栄養ではないですね

いいんですか？

Z　まあ、しょうがないっていうか、だから女慣れしてなかったり、そのへんの感覚が合わない人は無理なんですよね。

A　じゃあ、なんでわざわざ結婚したいんですか？　お互い浮気するのに？

Z　それは、この歳だし、結婚はしておきたいっていうか。

A　結婚という入れ物が欲しいんですね。じゃあ、セフレの彼がある日「俺、結婚することになったんだ。これまでありがとう、さようなら」みたいに言ってきたら傷つきますか？

Z　そう……ですね、半分くらい傷つきますね。「やだ〜傷つくぅ〜（笑）」みたいな。

A　なぜそこで、〝傷つくぅ〜（笑）〟みたいな感じなんですか？　そのとき、彼には傷ついたって言いますか？

Z　言いませんね。「あーそうきたかー、オッケー（笑）」って言うんじゃないかな。

そう言われたら、彼は「あ、俺ってそんなもんだったのか」ってさみしいかもしれませんね。「辛い、悲しい、ショック」っていう素の気持ちを出せば、彼の腹に響くかもしれないのに。エミさんは10代の頃から恋愛で傷ついたりしなかったんですか？

昔は彼氏が他の女性とベタベタしているのを見たりすると、すごく情緒不安定になったりしていました。でも今は連絡が途切れても「そうきたか」とか「そんなもんか」って程度にしか思わなくなってしまったというか。

エミさんは十何年もかけて自分の心を麻痺させてきたんですよ。ほんとは今だって裸の心は傷ついているんだと思いますよ。でも、「あ、そうきたか」と無意識で虚勢を張って、まるで何でもないことのように、わざと客観的な感じで思おうとしていますよね。男性たちを上から見ようとして「イケメンとヤれてラッキー♪」って、まるで手柄が増えたように、自分をだましている。

うーん、自分では平気だし、ラッキーとしか思えないんですけど、そうですかね……。

エミさんの中には、きっと**4重にも5重にも自分の傷ついた感情を感じなくていいような仕組みができ上がってしまっているん**です。その仕

エミさんは……みじめになったりしませんか？
あー
ハイハイ そうきたか！って感じですかね
傷つきませんか？
半分くらいは やだぁ～傷つくw みたいなw
そうきたか！オッケー（笑）
って言いますけどw

組みはエミさんが自分で作ったんですけど。だから、自分では一番外側の「あ、そうきたか」「まあ、こうなるよな」という感情しか自覚できない。

エ　なるほど……。

A　本来なら、イケメンをたくさんゲットして、あとから自分の手柄を確認、なんてことをわざわざしなくても、自分の価値を感じられるはずなんですよ。もしかしてエミさんは自分にあまり価値を感じられていないのではありませんか？　それと、子供の頃から自分を元気に見せようとか、誰にも心配かけないようにしようと気を遣う癖がありませんでしたか？

エ　それは、すごくあります。私は末っ子なんですけど、兄弟の上の二人がすごくデキが良くて。立場的に私は家族の中で盛り上げ役というか、迷惑をかけないようにしようとか、そういう癖はあると思います。

A　なるほど。**子供の頃からの親との関係とか心の癖、心の傷が恋愛に出ている人って、とても多いんです。**エミさんは自分の欲求とか本当の感情は全然出さないで、男の人の負担にならないように楽しく居心地良くさせてあげてる。相手に面倒なことを言ったり要求したりしないなら、相手からフラれたりはしないですよね。

エ　そうですね。こっちが面倒になって終わりにしちゃうことが多いです。

A　男性が多くの女性と体だけの関係を持つのは、健康な普通の男性でも、まあ么ることなんですが、**多くの男性と体の関係を持つ女性って、たとえば風俗とかで働く女性もそうですけど、心が不安定で心療内科に通っている人も多いんです。**

エ　ああ、風俗の子ってメンタルが病んでる子多いですよね。

A　エミさんの行動も、男性との刺激でどんどん感情を麻痺させて、自分を傷めつけてる自傷癖のように見えるんですよ。自分では自分を痛めつけているなんて思えないかもしれませんけど、私から見るとそうなんですよね。

感情を麻痺させている、ということに気づくことが幸せな恋愛と結婚への近道

エ　……。そうですね、自分を麻痺させてます。

A　それは自分で感じますか？

エ　はい、私、自分を麻痺させてる。

それに自分で気づくことが、一番重要なんですよ！　今は表面の感情にしか気づけなくても、**自分の感情を1つずつ観察して自覚していけば、玉ねぎの皮をむくように自分を麻痺させている仕組みが一枚一枚はがれていきます。**そうすると、だんだん裸の感情を感じられるようになっていくんです。そのためには、まずは**自分を麻痺させていることに気づいて、自分の感情に静かな注意を向ける**ようにすることです。一見遠回りのようですが、それがエミさんの幸せな恋愛と結婚への一番の近道だと思います。

そうですよね。ちょっと考えてみます。

まずは気づくことです！
自分がウソをついたことすら気づかなくなっちゃってるからまずはそこからはじめましょう
手はじめに思ってもないことを言っちゃったら〝今嘘を言っちゃったな〟と気づくところからはじめましょう
……あーそれなら
できるかもしれないです
やってみます
ありがとうございました―

はい、いっぺんには解除されないと思いますけど、必ず少しずつ本当の感情に近づいていきますから。心から応援していますよ。

はい、今日をきっかけにしてみようと思います。本当にありがとうございます。

今回のまとめ

1

心の傷を刺激でごまかすのではなく、**自分を観察**して。自分の感情に気づいていくことが幸せな恋愛や結婚への近道。

2

恋愛のモノサシを使って〝栄養〟成分のある男性かを見極めてから、**腹の声で話を**してみよう。

3

同性の親友と同じ感覚で接することができるかが、**恋愛が長続き**するポイント。

ANNAさんの一言

誰もが多かれ少なかれ、自己防衛のために感情や思考を作り変えているものですが、エミさんは自覚できないほどにそれを幾重にも行っていました。自分の素の心を感じることは、結局本人にしかできません。自傷する人は、自分なんて価値がない、いてもしかたがない、という思いを持っています。自己防衛する元となったその思いを少しずつでも自覚していくことで、まっすぐに幸せを求めていけるようになるでしょう。

A SEQUEL

自傷恋愛女子・エミさんの後日談

あれから、「こういう女が好きなんでしょ」と演じることが少なくなりました。会って1回目で体を許すこともめっきり減りましたよ。そして、つながりのあったハイスペックセフレとの関係を終わらせました！

でも最近……、今までで一番好きになった人に再会してしまって……。その人は今ホストをやめてニートみたいで、人生迷子なんです。

CASE

無自覚セフレ女子

今回の相談者は、IT関連企業に勤めるヨウコさん（30歳・仮名）。マッチングアプリで出会って半年ほどつきあっている男性がいるが、会うのは月に1回、LINEもほとんど返してくれないという関係とのこと。そして、最近になり別れを切り出され、どうしたら彼をつなぎとめられるのかと思案中。“普通の恋愛”自体がわからないというヨウコさんにANNAさんが答えます。

別れたくない！
彼から別れを切り出されたら、
まずやるべきこと

今回はIT企業に勤めるヨウコさん(30)
ほんわか癒し系の優しそうな女性
彼とは半年くらい前にマッチングアプリで出会いまして…
でも全然会ってくれないしLINEもスルーされるんです
ANNAさんの本も読ませて頂いて勉強してるんですけど
そもそも私恋愛経験も少なくて…
私はどうしたらいいんでしょうか…？

戦況を正しく知って打つべき手を考えよう！

A　マッチングアプリで知り合って、どういう流れで付き合うことになったんですか？

ヨウコ（以下ヨ）　今年のはじめに、とあるマッチングアプリでメッセージのやりとりからはじめました。職種が似ていて、仕事や趣味の話で盛り上がったので、実際に会ったあとに私の方から「次に会うときは恋人として会ってほしい」と伝えました。見た目は少しホストっぽくはあるんですが、けっこうモテそうな感じで。友人からは、そんなかっこいい人が私と本気で付き合ってるわけないって言われるんですけど……。

A　会ってみたら、見た目がタイプだった？

ヨ　それもありますけど、すでにメッセージのやりとりの段階で、「この人なら、私をわかってくれるかも」という感覚があったんです。

A　**メッセージだけで好印象を与えるとは、なかなかコミュ力が高い**男性ですね。付き合ってからはどれくらいのペースで会ってたんですか？

ヨ　仕事が忙しいみたいで、月1くらいですね。それでも最初はLINEのやりとりはしていたんですが、既読スルーや、最近は未読スルーもされていて。それで、もう関係をやめようかと思って、フライングしてまたマッチングアプリをはじめたら、それを見つけられてしまって。ほんの数日前に、LINEで「別れよう」というのがきました。でも、いざとなるとやはり別れたくなくて。どうしたら、つなぎとめておけますか？

A　ということは、彼もマッチングアプリで出会いを探していたってことですよね？

ヨ　彼は仕事でアプリ関係の仕事をしているので、仕事のためだと言い張られたんです。

A　うーん、ウソっぽいですねえ。ところで、彼とはいつもどんなデートをしていたんですか？

ヨ　いつも、駅で待ち合わせて……ホテルに直行です。

A　彼の家には行かないんですか？

ヨ　それが……前の彼女と半同棲でマンネリ化してしまったらしく、入れてもらったことはないです。自宅の最寄り駅しか知らないんです。

A　じゃあ、彼の友達に会ったことは？

ヨ　友達もいないからとはぐさかれてしまって。会ったことはないです。

A　ヨウコさんは私の本をほとんど読んでくださってるということですが……。『本当に好きな人とずーっと幸せになる本』は読んでいただけましたか？

ヨ　はい、拝読しました。

A　この本の第4章に、「**あなたが本気になるのは、自分の予定や身分証、過去の出来事、自分の家などをオープンにしてくれる人だけにしましょう**」という部分がありますが、彼はいかがですか？

ヨ　……（苦笑）。

A　彼が、あなたという彼女がいるということを誰にも言っていない可能性は考えてますか？

ヨ　……はい、可能性はあると思います。

A　伺ったお話を総合してみると、彼からするとヨウコさんは〝一時的なセフレ〟、と考えたらぴったりだと思いますが、いかがでしょうか？　最悪、既婚者ということもありえますよ。ヨウコさんはそれでも彼をつなぎとめたい？

ヨ　それは嫌ですね。気持ちがないのは嫌です。

ではまず正しい現実認識をしましょう！
正しく知ってベストをつくす！
……は
はい！

A　でも今、まさに別れ話をされてるんですよね？　好きな人と別れ話をする人はいないですよね。それって気持ちがない証拠なのでは？　もし、また会えたとしても、このまま彼の性欲処理だけに会う都合のいい関係のままでいいんですか？

ヨ　嫌です……。

A　**LINEで別れ話をするっていうことは、彼はヨウコさんと向き合いたくないし、別れ話をする時間さえ、作りたくないんです。**まず、彼との関係の現実認識をしてください。そうしないと次の手を打てないんですよ。

ヨ　現実認識、ですか。

A　そうです。将棋などのゲームでも、戦況を正しく知った上で打つべき手を考えられる人が強いんです。**負けてるなら負けてるで、正しい現実認識をしないとベストをつくせないんですよ。**まず、彼との関係の現在地を知りましょう!!

ヨ　は、はい！

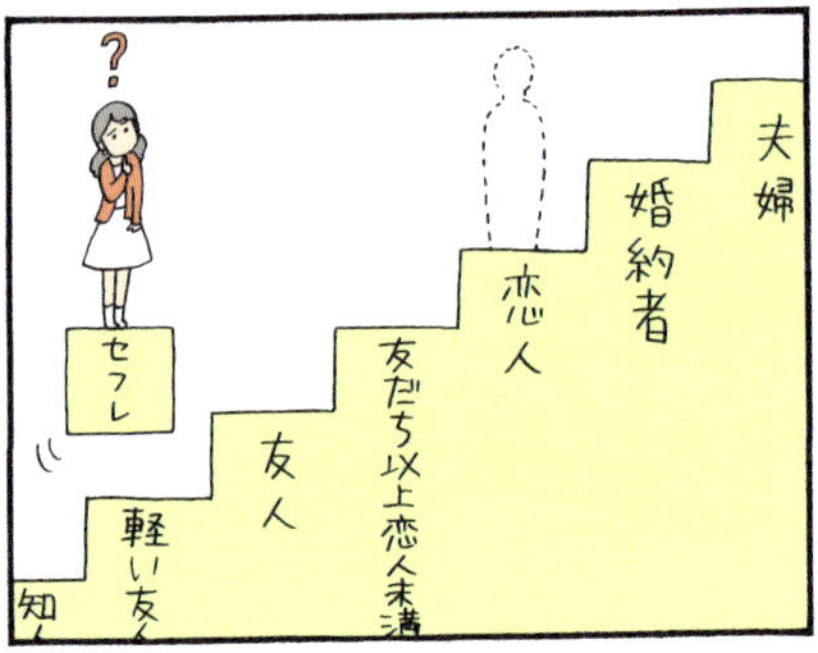

正しい現在地を認識し、「彼から見た自分」を客観視する

A　もしかしたら彼って、プライドが高くありませんか？

ヨ　えっ!?　はい、彼、めちゃくちゃプライド高いんです！

A　彼が「別れよう」というメッセージを送ってきたのって、「は？　俺様が相手してやってんのに、セフレのお前ごときが、なに他に出会いを見つけようとしてるんだよ」ってキレたのかもしれないですね。繰り返しになりますが、私はここまでお話を伺って、彼にとってヨウコさんは、正式に付き

合っている恋人ではなくセフレだと思うのですが、まずそれはOKですか？

ヨ　……あの、もしかしたら彼は本当に忙しい、ということはありえませんか？　すごく忙しいからLINEに返事もできないし、会えないという可能性はないんですか？

A　すごく忙しくて心に余裕がなくて、メールの返事もできない、そんな状態は確かに私自身も経験がありますよ。忙しすぎてそうなる人もたくさんいます。……でも、そういう人でも、恋人に家は教えますよね。

ヨ　あっ……（苦笑）。

A　それに、本気で付き合っている恋人だったら友達にも紹介しますよね。

ヨ　あー、そうですよね……。

A　忙しくて会えない、連絡がとれないだけでは、まだ本命の恋人なのかセフレなのか判断できません。だけどヨウコさんの場合はですね……**彼が忙しくて月に1回しか会えない。連絡もとれない。彼の家に入れてもらえないばかりか、住所さえ教えてもらえない。彼の知り合いだけでなく、ヨウコさんの知り合いにも一度も紹介する機会がない。つまり公の関係ではない。という三重苦**じゃないですか。これは、ガチですね。

ヨ　……！

A　さらにダメ押しで「**デートはホテルに直行**」もありますよね。残念ながら、セフレ確定です。

ヨ　そう聞くと、もう何も言えませんね……。

A　さらにこれに加えて、別れ話を持ちかけられている。彼の言い訳を信じたいという気持ちがあると思いますが、以上の事実から、今の彼がヨウコさんに夢中になっていると思いますか？

ヨ　思いません……。

A　今の彼にとってヨウコさんはキラキラ輝く存在ではない。別れたいということは、むしろ離れたい存在なんです。そんな女性に引き止められたら彼はどう思うでしょうか。

ヨ　メンドクサイって思いますよね。

A　そうなんです。**彼が別れたがっている状況のときは、「わかった、今までありがとう。あなたの幸せを心から祈っています」とさわやかに去るのが、彼にとって一番輝いて見える**んですよ。

ヨ　ええ!?　全然思いつきませんでした!

A　私の知人でそういうことが実際にありました。その女性は付き合っていた男性から「君の気持ちが重いから別れたい」と言われ、最後に会う約束をした際にも「もう、君が何を言っても別れるからね」と釘まで刺されたそうなんです。彼女は別れたくなかったけれど、一瞬立ち止まり、彼から自分がどう見えるかを計算しました。

ヨ　相手に映る自分を客観的に見たんですね。

A　そう、まさにそれです。別れたいのにすがりついてくる女性が、彼から見て素敵かどうかを想像したんです。そして彼女は別れの話し合いの場で、さあ、引き止められるぞ、と警戒している彼に向かって、「**これからのあなたの幸せを祈ってるね。あなたより素敵な人はなかなかいないかもしれないけど、私もがんばって次の人を探すね**」とだけ言って笑顔で去ったんですよ。

ヨ　すごい……!

A　そうしたら、なんと彼女は何週間かあとに彼から復縁をせまられて、この前プロポーズもされて、今は二人で結婚準備をしています。「彼女は自分にすがりついてくるに違いない」と予測していた彼にとっては、別れ話のときの彼女の態度はまったく予想外だったんですね。さわやかに去っていく彼女を見て、「もしかしたら俺は、ものすごい間違いをおかしているのではないか。こんな女性にはもう出会えないんじゃないか!?」と思ったのかもしれません。**〝無欲で相手の幸せを祈る〟女性は、神々しく映る**んです。

ヨ　確かに素敵な女性に見えますね。

A　そうです。**相手から遠ざけられているときには、「無欲の愛で、さわやかに去る」が一番彼を手に入れる可能性を高める姿勢です。逆に良くないのは、「いつでもあなたを待ってるから」という姿勢。**振られて別れ際にこれを言う人がすごく多いんですが、相手からすると「いつでもいる存在」だと思って何もありがたくないし、輝いても見えません。

ヨ　じゃあ、無欲の態度をとれば、このまま付き合える可能性もあるということですね。

A　ただ、これが良く効くのは、相手から一度でもガッツリ惚れられた場合なんです。ヨウコさんの場合は、最初から彼とはあまり連絡もとれなくて、公にもしてもらえない。彼は一度もヨウコさんに本気になってくれていません。だから、効果はあまり期待しないでください。で、そんな彼ですけど、ヨウコさんは今後どうなりたいですか？

ヨ　別れるにしてもきちんと会って話をしたいです。それで、彼が誠実に付き合ってくれる人に変わればいいなって。変わらないのであれば、他の人を探します。

A　ちょっとちょっと、しっかりしてください！　いいですか、誠実に変わるも何も、彼はあなたとちゃんと付き合う気が最初からなかったんですよ。しかも別れようと言われたんですよね？　もう今

そもそも付き合ってません
だってセフレだから
現実と希望をごちゃ混ぜにしてるんですよ！

後、会う気も、連絡をとる気もないんです。それが、最後に会ったら、「よし、彼女と誠実に付き合おう」とどうして思いますか？

ヨ　は、はい……。

A　自分を振った恋人と復縁したいという人に「どうしてそんなに彼に執着するんですか？」と聞くと、「彼がいなくなったら、もう二度と恋人ができないんじゃないかと思って」と言われることがあるのですが、「ちょっと待って！　**“いなくなったら”じゃなくて、もういない**んです！　1年も前に別れを告げられたじゃないですか」と言うと、ハッとされます。ヨウコさんも同

じ状況です。

ヨ　もう別れているということですか？

A　というよりも、そもそもヨウコさんと彼は付き合っていないんですよ。**人は、よほど気をつけていないと、現実と、こうあってほしいという希望をごっちゃにしてしまう**んです。

ヨ　確かに……。

出会った頃と今の彼は別の人。過去と今を混同しない！

A　それと、振られた人や振られそうな人が「付き合った当時は優しかった、私

昔のことと今のことは
過去は過去！
分けて考えてください
は　はいっ

にあんなに夢中だった」など、出会ったばかりのずっと昔の彼の態度を、まるで今すぐにでも取り戻せるかのように認識してしまっていることがあります。聞いた話ですが、日本人は主観が強く、それは情緒が豊かだという長所である代わりに、客観的な時の流れを把握し辛いらしいのです。客観的な時間の感覚がないと、2015年●月に出会ったときの彼は情熱的で優しかった、でも、2016年○月現在の彼はすでに気持ちが冷めている、といった現実認識ができません。だからずっと前のこ

とも今のことも全部一緒くたに捉えて、情熱的な彼がまるで今すぐ戻ってくるような幻想をいだいたりしてしまうんです。だけど、今は今で、過去は過去です。**今の彼の言動だけを見て、彼の気持ちは付き合いはじめの頃とは違うということを受け入れないと、次の作戦を立てられません。**

ヨ　ああっ……、ハッとしました。私、今と昔を混同していました。彼の心には、もう出会ったときの好意や情熱はない。本当にそうですね。では、彼とはこのまま会わない方がいいのでしょうか？

A　というか、もう会えないですよね？　彼は会って別れ話をすることさえ、めんどくさいんですよ。今回のケースの場合、現時点での復縁はないと思ってください。何ヵ月か何年かあとに、完全に出会いなおすなら可能性はゼロではないですが、今はないです。だけど、ヨウコさんはいずれ結婚したいんですよね？　結婚って一緒に暮らすこ

とですよ。住所を教えてくれない人と同じ家に住むことってできますか？　そして何よりもヨウコさんを粗末にする人を大事にしちゃダメですよ。

ヨ　そうですよね。そんな人はダメですよね。でも、初めて、この人とならやっていけるんじゃないかって思ってしまったんです。

A　会っている間、彼は楽しそうでしたか？

ヨ　はい、私も彼が居心地がいいように心がけてはいましたし。だけど、思い返すと私の方が楽しんでいたかも。

A　コミュ力の高い人は楽しそうにしますよ。でも、**恋愛の主導権は「楽しませている側」にある**んです。彼はヨウコさんとは「付き合ってやってる」という感覚だったんじゃないですかね。もっとヨウコさんとちゃんと付き合ってくれる人、いますよ。等身大の親友同士みたいな。

ヨ　そういう人いますかね、本当に……。

A　まず、**いるっていう前提にならないと、探せない**でしょう？　今のままだと「ときめきまかせ」の恋しかできませんよ。

ヨ　そもそも、〝普通の恋愛〟がわからないんです。男の人ってちゃんと連絡くれるんですか？　みなさんどうしてるんですか？

普通の恋愛って、どうやったら結婚につながるかを人を判断できるの？

A　〝普通の恋愛〟がどんなものなのか、わからないということですね。ヨウコさんの今までの恋愛歴について教えてください。

ヨ　今まで付き合ったことがあるのは3人くらいです。今の彼と知り合う直前に彼がいましたが、5日間で別れました。職場の同僚でしたが、クリスマスにあるマルチ商法の化粧品セットをもらいまして、ちょっとこれはマズイなと。その前は23歳くらいのときに4～5ヵ月くらい付き合った彼も新興宗教をやっていて。親と縁を切れと言われたので、その彼と縁を切りました。

結構、偏っていますね。ある程度続いた恋愛は経験されてないんですね。付き合うときは自分から言う方が多かったんですか？

今までは全部相手からで、自分から好きになって「付き合ってほしい」と言ったのは今回の彼が初めてです。でも、相手から言われて付き合っても、自分の思ったことを言えなくて、いつも立場が逆転してしまうんですよね。

どういう人が好きなんですか？

自分の好きなことを仕事にしている人。何かについて熱く語る人に弱いです。

なるほど、新興宗教やマルチ商法を熱心にやっている人は、好きなことをしていそうですし、弁も立ちそうですね。ヨウコさんは相手のペースに乗せられやすいのかも。もっと言えば、相手のペースに乗せられたいと思っているのかもしれませんね。

私が相手をそうさせてしまうんですかね？

ヨウコさん、自分自身を「ちゃんとした恋愛ができない人」と思ってませんか？　自分で安売りしている部分があるというか、相手にそう見せてしまっているのかもしれません。

卑下してしまうというか、そういう部分はあるかもです。恋愛関係がきちんと築ける相手を選ぶには、どんな部分を基準にすればいいですか？

まずは**言動が一致している人**です。言葉だけではダメですよ。今の彼も、会ったときは優しいことを言ってくれても、連絡がとれないとか関係をオープンにしてくれないとか、行動が優しくない

幸せな結婚をしている友人を思い浮かべて
Happy Girl
あの子だったらどうするかな？と想像してみる
ハイ

ですよね？　一番わかりやすいのは、同性の親友を思い浮かべること。**親友と同じような関係を築ける人が結婚相手としてふさわしい人**ですよ。まわりに、幸せで仲のいい夫婦、いませんか？

ヨ　いますいます。あんな風になりたいっていう友人夫婦は、確かに親友同士みたいです！

A　**上手くいっている人を思い浮かべて、具体的に「あの人だったらどうするかな？」と思いながら恋愛の相手を選んだり、関係を築いていくと進めやすい**ですよ。たとえば、その幸せな結婚をしているご友人は、今回の彼と出会ったとしたらヨウコさんと同じ行動をとりますか？

ヨ　あ、彼女は絶対にそんな行動はとりません!!　そうか……！

A　ヨウコさんは、**「幸せな結婚をしている人が、決してしないこと」をしている**んです。「あの人だったらどうするかな？」と考えるときには、知人友人にいなければ、映画やドラマ、漫画に出てきた人でもいいです。「彼女が同じ状況になったらどうするかな？」と具体的に想像するんです。たとえば今回のホストみたいな彼だって、そういう点では役に立つんですよ。彼は相手を楽しませて「この人は自分に近い！」と感じさせるメールや会話が上手だったんですよね？

ヨ　はい、そのとおりです。

A　彼はモテるために、長年努力をしてきたんですよ。きっと、そこで得たいろんなテクを使って二人の関係の手綱を握っていたはず。

ヨ　私、上手に乗せられてしまったんですね。

A　だから、今度はヨウコさんが、**気になる男性を上手に乗せるために、「前の彼だったら、どんなふうに話を持っていくかな?」「前の彼に何をされたときに『わかってくれてる』と思ったかな?」って思い出して、お手本にする。**ヨウコさんが最初に彼に対して感じたことを、気になる男性に感じさせてしまえばいいんですよ。

ヨ　あー、そうですよね。

A　それにしても、今回のようなケースを30歳で経験できて良かったのでは?　経験値が増えたと思って、これからもマッチングアプリなどを活用しながら、どんどん出会っていくといいと思います。マッチングアプリは効率もいいし、コミュニケーションの勉強にもなるし、結婚したカップルも本当にたくさんいるし、私もみんなにおすすめしています。彼のことは次に活かしていきましょう。彼は、幸せな恋愛のために神様が遣わしてくれた妖精かもしれませんよ(笑)!

ヨ　妖精(笑)。ずっと知りたかった、〝普通の恋愛〟の感覚も聞けましたし、2年以内に良い人を見つけて結婚します!

A　ヨウコさんは、きっと大丈夫!　良い報告をお待ちしています。

今回のまとめ

1
別れを告げられたら、彼にとって**失うのが惜しい女性**とは何かを**考えて行動。**

2
「こうありたい」を実現している人を思い浮かべ、**その人ならどうするか**と考えて行動する。

3
願望と**現実**を混ぜずに、二人の現在地を客観的に知って**作戦をたてるべし。**

4
彼にとってどういう存在かは、**住まいや友人関係**などが**オープンであるかどうか**が**重要**な判断ポイント。

ANNAさんの一言

「現実認識が難しい」と多くの人に言われます。現実認識のコツは、主観(感情、希望など)を排して、客観的な事実だけを見ること。つまり内側と外側を分けることです。「彼は別れたいと言っている。でも、そんなのは嫌だ。一時的な感情に決まっている」のように、感情で事実を歪めて捉えるのではなく、「私は嫌だが、彼は別れを希望している」のように、感情と事実を切り離すことで、現実認識ができるのです。

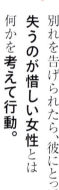

A SEQUEL

無自覚セフレ女子・ヨウコさんの後日談

ANNAさんにお話を聞いていただき、ダメ恋愛から目を覚まさせてもらいました。結婚を考えたとき、恋愛が楽しい相手とパートナーとしての相手は違うのだと気づきました。恋愛相談の帰りの電車で相談した彼のLINEのブロック設定をし、心機一転、ANNAさんおすすめのマッチングアプリに登録して新しいパートナー探しを始めました。そこで、趣味もぴったりで、親友みたいな関係になれそうな男性と出会い、現在同棲中です。結婚の話題も出ていていい感じです！

また、以前よりも周りの人と恋愛の話をすることが多くなりました。この人、ダメ恋愛してるなーって思ったときはANNAさんの本と連載記事をすすめています。ありがとうございました！

CASE

単発デート女子

今回の相談者は教育関連勤務のノリコさん（43歳・仮名）。堅い職場とのことで、黒髪で真面目そうな雰囲気の女性です。好みの男性からかなりの確率でデートに誘われるけれど、なぜかいつも付き合うまでに至らないのだとか。数々の恋愛セミナーやコーチングを受けて、大金をつぎ込んできたけれどうまくいかないというノリコさんに足りないのは、恋愛のとある部分の筋力不足が原因？ ANNAさんが鋭いメスを入れていきます！

デート後、

なぜか恋愛につながらないあなたへ

今回はノリコさん（43）
かわいらしい雰囲気
とっても真面目そうなお姉さんです
好みのタイプの人から誘われることはあっても
その後が続かないんです…
ただ好きな人と当たり前に結婚して
普通に幸せになりたいだけなのに
どうして私にはそれができないんでしょうか…!?

食事には誘われるのに いつもフェードアウトで 恋愛に発展しないのはなぜ??

A　好みの男性とデートまでいっても、いつもお付き合いに進まないんですね。

ノリコ（以下ノ）　はい、現在も婚活をしていて、お見合いパーティなどにも行きますし、趣味の活動もしたりして積極的に動いてます。でも、全然結婚につながらないんです……。どうして、好きな人と結婚するっていう、みんながあたりまえにやっていることが私にはできないのでしょうか。私も普通に幸せになりたいだけなのに……。一生独身は嫌です。

A　男性からデートには誘われるんですよね？

ノ　そうなんです。いいなと思う人から連絡先を聞かれて、お食事に誘われることは多いんですよ。つい先日も、デートのあとのＬＩＮＥの返事もいい感じだったのに、そのあと、まったく連絡がこなくなってしまって。いつも1～2度会っただけでフェードアウトしてしまうんです。

A　「いつも」とおっしゃいますが、具体的に何回くらいあったんですか？

ノ　今ざっと数えてみても、最後の彼氏と別れた38歳のときからの5年間で10回はありますね。

A　なるほど。10回とも向こうから気に入ってお食事に誘われたのに、一度の例外もなくすべて続かないんですか？　しばらくの期間続けて会った人さえいないんですか？

ノ　一人もいません。

A　「いつも」と言う方に突っ込んでお話を聞いてみると2回とか3回ってこともよくあるんですけど、それは本当に「いつも」ですねえ。

ノ　あまりにもそういうことが続くので、妥協をして、言い寄ってきた好みじゃない方と付き合ってみたんですけど、2ヵ月くらいで嫌になってしまって。やはり、顔が好みっていうのもある程度大切だなって痛感しました。

A　好みであることは大事ですよね。ノリコさんはどんな男性がタイプなんですか？

ノ　頭の良い人がタイプですね。でも普通の人で全然よくて、以前に普通のサラリーマンだと思っていたら、実は社長をやっていると知って、逆に引いてしまったことはあります。

A　社長じゃダメなんですか？　頭が良くてお仕事をがんばっていそうじゃないですか。

ノ　うーん、高級車に乗っていて、なんだかこちらが思ってたのと違って。その方も食事デートのあとに手をつながれたのに、結局は仕事が忙しくなったと言われて自然消滅しちゃいましたけど。

A　恋愛の傾向は以前から同じなんですか？

ノ　いえ、若い頃は自分からアプローチしたことも、振られたこともないです。20歳くらいで初めて男性と付き合ったときも、先輩から言われてはじまりました。そのあとも男性から告白されて付き合うパターンばかりで、彼氏が途切れたことは、ほぼありませんでした。

A　ずっとモテてきたんですね。

ノ　いえいえ……でも、確かに振り返ると30歳くらいまではずっと、いいなと思った人から言い寄られて付き合うということばかりだったかも。

A　最近も、最初はお相手から誘ってくれるということですけど、その際に男性はノリコさんのどんなところをいいと言ってくれていますか？

ノ　そうですね……。「一緒にいて落ち着きそう」と言われたことがあります。

A　なるほど。まあ、彼らは言葉ではそう言うかもしれませんが、男性がよく知らないうちに声をかけたり誘ってくるのは、ノリコさんを**好みだとか、可愛いと思ったから**でしょうね。

ノ　そうですかねえ。でも、このあいだ結婚相談所で、「見た目が清楚なのにサバサバしているのが悪いギャップですね」と言われてしまいました。

A　落ち着いていそうだし、清楚そうに見えますよね。実際、サバサバしているんですか？

ノ　見た目よりアクティブだと思います。週末はフットサルで運動もしていますし……。

A　え？　フットサル!?　図書館司書みたいな雰囲気じゃないですか（笑）！　意外ですね!!　良い方のギャップに捉えてくれる方もいそうですが、イメージが違いすぎて動揺する男性もいるかもしれませんね。

ノ　これもデートで話したりするんですけどね。

A　でも、私はそれだけが原因だとは思いませんよ。いいギャップに持っていくこともできますしね。ほかに、デートではどんな話をしていますか？

ノ　普通に会話ができているとは思いますけど……。以前聞いた「男性の話をよく聞いて、聞き上手になりなさい」というのを実践して、相手のお仕事の話などをちゃんと聞いているつもりです。

A　デートのあとのLINEでは、どんなやりとりをしているんですか？

デートではどんな話を？
別に普通です…
ちゃんと相手の話聞いてます
デート後のLINEは？
いたって普通です
お礼とか言ったり
……ノリコさん……
私だったら十発十中付き合ってみせますよ！
100パー!

ノ　いたって普通だと思いますけど、食事についてのお礼とか、そういう感じです。

A　普通っていうのは「今日はごちそうさまでした。楽しかったです」みたいな内容ですか？

ノ　そうです、そんな感じで別に普通ですよ。

A　なるほど……。いいですか、ノリコさん、私だったら最初に相手が自分をいいと思ってくれていたら、十発十中付き合ったり、自分の思いどおりの関係にできます！

ノ　そんな方法あるんですか！

〝また会いたい〟と思わせる女になるには、〝相手を楽しませる力〟が必要

A　だって、いいなと思う男性が、まず自分の外見とか雰囲気をいいと思ってくれたんですよ。そういう**本能的な好みって、努力でなかなか、どうこうできるものではない**んです。美人うんぬんの前に、たとえばかっこいい顔立ちや体格の女性が小動物系の雰囲気になるのって、難しいですよね。逆も同じです。それなのにノリコさんは好みの人から好みだと思われることが多い。これってスタートから、すごく恵まれていることなんですよ!!　すごいアドバンテージなんです！

ノ　でも、結局付き合えてませんし、40過ぎても独身ですけど……。

A　そんなに恵まれている状況が次々とやってきているにもかかわらず、フェードアウトのパターンばかりだってことですよね。ノリコさんは20代の若い時期、勝手に男性が寄ってきて、楽しませてくれたり、機嫌をとってくれたりしたでしょう。

ノ　まあ、そうなんですかねえ。

A　だけど、今はもう20代ではないんです。**35歳**

を過ぎて大人の女性になって、今もっとも必要なのは相手を楽しませる力です。ノリコさんは「普通に話を聞いて、普通にLINEをしてます」とおっしゃいますが、それって相手を楽しませる工夫とか努力をしていないとも言えますよね。

ノ　恋愛の感覚がモテていた若い頃のままということなんでしょうか？

A　そのとおりです。どうして最初にノリコさんを好みだと思って、食事にまで誘ってきた男性が、一人残らずノリコさんと再び会わないのかというと、**会っているときに楽しくなかったから**なんですよ。だからまた会いたいと思わないんです。

ノ　そうですよね……。失礼がないようにはしてましたが、相手を楽しませるっていうと、難しいです。具体的に何をすればいいのでしょうか？

A　別に芸人みたいに笑わせるとかじゃなくて、基本は**その人が聞いてほしい話**

好きな人と当たり前に結婚する
とか
普通に幸せになりたい
なんて認識ではうまくいかなくて当然です
ビシ
当たり前
とか
普通に
ではなく
筋肉を鍛えて
幸せになっているんです!
ぬぬぬぬ
筋肉を……!?

を聞いてあげればいいんです。彼はこの話がしたいんだなあと思ったら、その話を聞いて、**興味を持ってどんどん質問する**んですよ。**相手に楽しくいっぱい話をしてもらって、相手と同じ話を共有する**んです。

ノ　それが、相手の話は聞いているつもりなのに、その人が何を聞いてほしいのかなんて、まったく

わからないんです。

A　わからなくて当然ですよ。だってノリコさんは今までなんとなく会話していただけで、相手にとって楽しい話は何か、なんて考えたことがないんですから。

ノ　はあ……。

A　ノリコさん、さっき、「好きな人と結婚するという、まわりの人たちがあたりまえにやってること」とか「普通に幸せになりたいだけ」っておっしゃいましたよね。ズバリ申しますと、そういう認識だから上手くいかないんです。

ノ　えっ……でも、それって普通じゃないですか?

A　ノリコさんは、みんなが、ただなんとなく生きているだけで、自動的に結婚相手が見つかって結婚したと思っているでしょう?　それで自分にはどうしてそれが起こらないの、って。でも、みんな自覚はしていなくても、多かれ少なかれ「**どうやっ**

たら相手が楽しんでくれるかな」「どうやったら相手が幸せを感じるかな」って、若い頃から相手を楽しませる筋肉を鍛えていたんですよ。だから「誰にでもできるあたりまえのこと」なんかじゃないんです。ノリコさんには**自分が相手にサービスをする**っていう発想が全然ないでしょう。

ノ　一応、相手に気を遣っているつもりではあるんですけど……。

A　**気を遣うことと楽しませることは同じではありません**よ。「私は気を遣っています」は自己満足だとしても言えます。でも相手がそれで楽しいのか嬉しいのかは、まったく別の話なんです。

ノ　はあ……難しいですねえ。

A　ノリコさん、まず、**何よりも重要なのは「相手を楽しませよう」という意志**です！　意志があれば、少しずつでもその方向に自分が変わっていくんです。ノリコさんと接した人が、一緒にいて楽しいなあと思ってくれたらいいと思いませんか？

ノ　もちろん思います！　でも何をすればいいのか、全然わからないんです！

A　ノリコさんの頭の中には、他人が存在していないんですよ。「私」しかいない。だから「私は普通に話を聞いて、普通にLINEをしているのに」としか思えない。それで相手がどう感じているのかがスッポリ抜け落ちているんです。

ノ　……そうかもしれません。

A　そもそも男性のことを「一人の人間」ではなくて「私が普通の幸せを手に入れるためのアイテム」としか思っていないん

です。でも、その男性はノリコさんを幸せにするために存在しているんじゃありませんよね。彼だってノリコさんと同じように幸せになりたいんですよ。だから**自分が幸せになりたいなら、「相手を幸せにする!」という気持ちを持ってください**。

ノ　こちらが男性を幸せにする……ですか。

A　ノリコさんが男性を手に入れて、一人で幸せになるんじゃなくて、ノリコさんと**一緒にいることで彼だって幸せになる**。だからこそ彼はノリコさんに会いたくなるし、結婚したくなるんですよ。

ノ　なるほど……。

A　それと、ノリコさんは男性に自分を出していないですよね。たとえば、ついこの間いい感じになった人から連絡がなくなって、悲しいとかさみしいとかまた会いたいって思いませんでしたか？　また会えたら嬉しくはありませんか？

ノ　それはまあ、嬉しいですね。気に入る男性ってそんなに出会えないので。

A　でも、今のまま何もしなければ、向こうからはまず連絡がこないですよね。

ノ　そう……ですね。今までもそうでした。

A　もし、私がノリコさんだったら、いいなと思えた数少ない人なのですから、自分から「会えますか？」って連絡をすると思います。そして次に会えたら「友達に、男性はあなたと一緒にいて楽しくないよ、今のままじゃヤバいよ、ってダメ出しされました。でも私は変わりたいんです。あなたから見て、もっとこうした方がいいという部分を教えてください」って言います。もともとフェードアウトしていたはずの相手だし、もう一度会えただけでラッキーですよね。だから**ダメもとで、腹を割って相手のふところに飛び込んで聞いてしまいます**ね。少なくとも、これまでのような**あたりさわりのない会話よりは、間違いなく相手の印象に残るし、私に愛着が湧く可能性が出ます**もん。

ノ　それって、ガツガツして見えませんか？　女性がガツガツするのってダメなんですよね？

A　相手のふところに飛び込む＝ガツガツ＝ダメ、っていうのは外から刷り込まれた頭の声です。そういう上っ面じゃなくて、**目の前の相手と腹の声で話す**んです。婚活は、たくさんの男性とあたりさわりのない会話をして、良さそうな人が来てくれるのを待つことではありませんよ。さっき、「普通に話す」とか「相手の話を一応聞く」とおっしゃっていましたけど、**いわゆるマニュアルどおりに話している人と腹から話している人とでは、相手の心への残り方がまったく違います。**

ノ　それは、きっとそうですよね。

A　ノリコさんの男性との関わり方って、二人で浅瀬の海でパシャパシャと水をかけ合っているような、深さ5センチくらいの浅ーい関わり方なんです。そうじゃなくて、水深5メートルくらいまでもぐって、もっと男性と深いところで関わりましょうよ。浅瀬で済ますのは、傷つきたくないとか恥をかきたくないって感情が強いからだと思うんです。でも、**自分を出さずに受け身なだけの女性って、**

男性から見ると何を考えてるかわからないし面白くありません。だから家に帰ると印象に残ってないし、また会いたいとも思わないんです。

恋愛の筋力不足を鍛えるには、意外な方法が有効！

ノ　なんとなくはわかりますが、どうしたらいいんだろう……。

A　ノリコさんは、営業とか販売って、やったことありますか？

ノ　いえ、まったく……！

A　じゃあフリマアプリをやってみませんか？

ノ　え？　フリマアプリ？？

A　何でもいいから物を売ってみてください。物を売るときに、欲しいと思わせるにはこのメリットを伝えようとか、写真をキレイに撮ろうとか考えることが、**頭の中に他人を置いて、相手からの見え方を想像する練習になる**んですよ。人に得をさせるほど売れる、っていうことも学べますしね。

ノ　そうかフリマか……。すぐに結婚には直結しなそうではありますけど。

A　ノリコさん、いいですか、〝急がば回れ〟です。結婚相談所やお見合いパーティで出会いを探すのももちろん大事なことですが、今のノリコさんのままでは同じことが続くだけですよ。まずは〝**相手を楽しませる**〟〝**相手に得をさせる**〟**という基礎の筋力**をつけてください。得をさせるといってもお金とかモノということではなくて、**会うと楽しい気持ちになるとか元気が出るとか、目に見えない得**です。楽しくて元気になったら、相手はまたノリコさんに会いたいって思いますよね。恋愛は楽しませている方が主導権を握れるんです。

ノ　そんな発想は全然ありませんでした。

A　フリマアプリが遠回りに感じるのであれば、練習段階を飛ばして、いきなりマッチングアプリを使ってもいいです。**自分という商品を売る**んです。**何を伝えたら私と会いたいと思うかな、どんな写真だと私が素敵に見えるかな**って、モノを売るときと考え方はまったく同じです。

ノ　危なくないですか？　知らない人とメッセージを交換するとか……。

A　私自身も利用したことがありますけど、**会ってもいないうちから詳しい個人情報を教えない**とか、**最初はカフェなどのオープンな場所で会う**とか、**相手をよく知らないうちに肉体関係を持たない**とか、そういった常識的な部分にさえ気をつければ、危なくないですよ。

ノ　そうなんですね。やってみようかな。

A　出会いも期待できて一石二鳥です。そして、〝相手を楽しませる、会っていて得を感じさせる〟力を鍛えて、ぜひデートでも活かしてくださいね。

今回のまとめ

1

デートは男性が
楽しませる場と思うべからず。
相手に楽しんで帰ってもらう
という意志が何よりも大事。

2

浅瀬での付き合い
ではなく、もっと**深いところで**
関わっていこう。

3

急がば回れ。
フリマアプリやマッチングアプリで、
頭に他人を置く練習を。

実はみんな筋肉を
鍛えている!なるほどと
膝を打ちました。

ANNAさんの一言

程度の差はあれ、頭の中に他人がいない人は多く、そういう人は苦労します。彼らには『自分の都合』しかないので、あらゆる人や物事が自分の思いどおりにならないと感じやすく、いつもストレスを感じたり、怒ったりしています。しかし、頭の中に他人を想定できれば、相手は相手の幸せを求めて勝手に動くものだとわかるので、ストレスが減りますし、自分の望んだように相手を動かしやすくなるのです。

A SEQUEL

単発デート女子・ノリコさんの後日談

私はずっと男運だけは極端に悪くモテない人生を歩んでいると思ってたのですが、ANNAさんの話を聞いたらどうやら違ってたみたいですね。運ではなくて、単に努力不足だっただけでした。というか恋愛や結婚は努力するものだとは知らなかったのです。

だから、出会いの場に出向くことはしていたので数多くの男性ともご縁がありましたが、好きな人とは長く続かなかったのですね。

あの日から、常に相手が得をするよう楽しんでもらえるように、教えてもらった〝相手を楽しませるゲーム〟をやっています。そうしたら、週末参加した婚活パーティーで、多くの方から好印象をいただきました！　10歳下の方からも好印象をいただき、連絡先も教えてもらえました。この調子で1年以内に結婚できるようがんばります！

自分の素の部分
腹の思い核の部分に惚れてくれるのが栄養のある人ですよ

CASE 10

恋愛自己否定女子

今回の相談者は、編集者のアカネさん（36歳・仮名）。仕事を通じて知り合ったクリエイターの男性に告白をしてフラれてしまい、今では楽しく仕事ができる関係に戻っているものの、今後どのような行動をとればいいか困っている様子。しかし相談が進んでいくと彼女から予想外の話が飛び出し、“真の問題”が浮き彫りに……！？

告白して振られた彼がまだ気になります。どう進めるべき？

今回は編集者のアカネさん(36)
オシャレでクリエイティブな雰囲気ただよう仕事できそうな女性です
30代になってからずっと彼氏がいなくて…
不倫はしちゃってたんですけど
これじゃダメだと思ってお別れしまして
仕事相手の男の子を好きになって告白してでもフラれちゃって…
今ようやく気まずさを脱したところなんですけど…
これからどうしたらいいのか全然わからないんです!
私
どうしたらいいですか!?

"小テスト"で恋愛の現在地を確認し、方針を決めるべし

A　クリエイターの彼には以前告白してフラれたあとも関わりは続いているんですか？

アカネ（以下ア）　はい、告白以前と変わらず仕事で関わっています。私、告白してからＡＮＮＡさんの本に出会って、「なるほど、そうだったのか！」と目からウロコが落ちたんです。本を参考にして自分の態度を変えたら、告白直後のギクシャクした感じから距離がどんどん近づいたんですよ。

A　それはすごい。何をどう変えたんですか？

ア　告白して彼より低い立場になってしまったので、「まずは対等の立場に戻さねば！」と思って「あんたなんて」とか「もう気持ちは薄れてきました」という態度で接していたんです。そうしたら彼も安心したのか、どんどん近づいてきてくれて。たとえば彼の方から仕事の悩み相談の電話がきたり、車で荷物を届けてくれたり。

A　**自分を好きなはずの女性が離れていきそうなのを見て、反射的に引き止めたくなった**のもあるかもしれませんね。

ア　でも、ここから恋愛に発展させるために、どうしたらいいのか全然わからないんです。

A　アカネさんに対する彼の現在の気持ちって、なんとなく推測できますか？

ア　う〜ん、ちょっとわかりません……。

A　では、彼とアカネさんとの現在の関係は恋愛の地図（63ページ参照）でいうと10段階のうちどこにあると思いますか？「他人」「存在を認識」「挨拶」「知人」「軽い友人」「友人」「友達以上恋人未満」「恋人」「婚約者」「夫婦」と段階がありますが。

ア　今はぎくしゃくした雰囲気もなくなって、気楽に話せるし、友人かなと思っています。

A　仕事以外で会うことはありますか？2人きりでご飯に行ったりとか。

ア　告白する以前に1、2回あるんですが、今はないですね。いつも仕事の仲間が一緒にいます。

A　では、現在は「友人」の一段階手前である「軽い友人」ということになりますね。恋愛の地図での「友人」っていうのは、用件がなくても連絡をとりあったり、たまには二人きりで会ったりする関係のことですから。「軽い友人」は、以前会ったことがあって今はメールやSNSでつながっているだけとか、用件のついでに電話や対面で話すことはあっても、わざわざ二

人で会うことはない関係です。「軽い友人」の方が関係が浅いんです。

ア　じゃあ、私と彼は「軽い友人」ですね。

A　その「軽い友人」の彼に、これからどうしたらいいのかわからない。そんなときは小テストをしましょう。**小テストというのは、今の段階よりも一つ先の段階に進めるためのアプローチをして、相手の現在の気持ちを知ること**です。アカネさんが次に目指すのは「友人」の段階なので、二人でご飯や飲みに行こうと誘ってみる。これって、**彼へのアプローチというだけではなくて、現在の彼の気持ちを確かめ**

るためのテストでもあるんです。アカネさんは、彼に二人でご飯に行こうとか、声をかけたことはありますか？

ア　いえ……それはないです。

A　もし彼がアカネさんのことを好きで付き合いたいと思っていたら、二人で会えるのは嬉しいはずですよね。当然、誘いに乗ると思いませんか？

ア　そう思います。

A　では、二人でご飯に行きたくはない。でも本当はアカネさんのことを好きで、付き合いたいとか結婚したい、ということはあると思いますか？

ア　それは……ないですね（苦笑）。

A　だから**告白する必要なんてない**んですよ。**小テストをすれば相手の気持ちはわかります**から。

ア　でも、今は小テストを試してみることすらすごく緊張するというか、怖いというか…。

A　彼の本当の気持ちを知るのが怖いから？

ア　それもありますし、またギクシャクしてしまったらどうしようという不安もあります。

A　告白するわけじゃなくて、「ご飯行かない？」とか「飲みに行こう」って言うだけなので、難しく考えなくても大丈夫ですよ。何より小テストをすれば彼の今の気持ちがわかるので、今後の方針も決められます。誘ってみてOKなら関係を進めればいいし、食事にも来てくれないなら、今のところ恋愛関係になるのは無理かなと判断できますよね。どちらにしても展望が開けます。

ア　確かに、そうですよね。

A　**誘ってみてもしダメだったら、彼にはこれ以上関係を進める気がないということ**です。「知人」以下になるのは嫌だから、アカネさんが離れそうになると近づいてくるけれど「友人」になる気もない。彼にとっては今の「軽い友人」がベストだということがわかりますね。

ア　なるほど、そうやって相手の気持ちを判断したらいいんですね。

A　小テストの前に、必ず知っておいてほしいことがあります。**上手くいかなかったときに「否定された」「私には魅力がないんだ」「私はダメなんだ」と思う人が多いんですけど、それって本当に間違っているし、まったくそんな風に思う必要はない**っていうことです。

ア　え？　そうなんですか？　自分に自信がなくなってしまいそうですけど……。

A　上手くいかなくても、アカネさんに**魅力が“ない”んじゃなくて**、彼にはアカネさんの**魅力が“わからない”だけ**なんです。ここはすごく重要！　ある人には、一人として同じ人っていませんよね。ある人にとってはすごく魅力的な人でも、別の人からすれば何も感じない。どんなに美しい女優でも男性全員にとって好みなわけではありません。友達

がかっこいいと言っている人を見ても、何がいいのか全然わからないって経験、ありませんか？

ア　あ、あります。

A　もし上手くいかなくても、たまたまアカネさんが彼の受け皿、つまり好みと合致しなかっただけなんです。だったら、そういう人にすごくがんばるよりも、自分の魅力をわかってくれる人、「アカネさんだからいい！」という人を探そうっていう次の選択ができるじゃないですか。

ア　そっか、そうですよね！　自分の魅力を理解してくれる男性を好きになりたいです。

「不倫を繰り返す女性」と「不倫をしない女性」の違いとは……？

ア　実はもう一人相談したい男性がいまして……。今、通院している病院の先生なんです。誘われて何度か食事をしたこともあるんですけど、一緒にいるとすごく楽しくて、なんだかそれだけで恋愛をしているような気分になってしまって……。ただ、先生は65歳で親子ほど歳が離れているんです。まさかそんな人にときめくことがあるなんて思っ

てもいませんでした。でも、そのおかげで、クリエイターの彼との関係を思い詰め過ぎずに済んでいるんだと思います。

A　65歳！　いきなり謎の伏兵《ふくへい》が登場しましたね（笑）。その方は既婚者ですか？

ア　はい、私と同い歳ぐらいの娘さんもいます。

A　食事だけですか？　それ以上のことは？

ア　ないです。食事だけです。

A　その先生、患者さんをご飯に誘ったということですね。何十年も仕事をしていて、これまでアカネさん一人にしか声をかけていないなんてことは、ちょっと考えにくいですよね。きっと他の患者さんにも声をかけてますよ。

ア　そうだと思います。さすがに私だけだとは思っていません。他の女性患者さんとも親しげに話しているのを見たことがありますし……。そして、それにちょっと嫉妬してしまうというか。

A　ということは、その人は家庭もあってさらに患者さんにも数人手を出していることになりますよね？　でも、アカネさんは好きなんですよね？

ア　そうなんです。「どうして、こんなことまで言い当てられるの？」ってくらい私のことを理解してくれてて。先生のことを考えるだけでウキウキして、恋！って感じで、すっごくときめくんです。

A　彼を家庭から奪ってやろうとか思ったことはないんですか？

ア　まったく思ったことがないといえば、ウソになります……。

A　え～と、アカネさんは不倫をされていたことがあるんですよね。30歳からは不倫だけで正式な恋人はいなかったということですが、それ以前はいかがでしょう？

ア　20代はじめから30歳までの間に、4人くらいと正式に付き合いました。最高で2年弱続いて、あとは1年とか半年くらい。26歳のときに相手から押されて付き合って結婚しそうになりましたけど、結局しませんでした。

A　20代の頃は普通に付き合ってこられたのですね。だけど前回の恋愛は不倫で、今回の医師も既婚者。好きな人には告白したけど恋が実らず、それでもまだ好き。それを聞くと、アカネさんは

好きな人から本命として愛されることをあたりまえだと思えていないのかな、という気がするんですよね。心のどこかに自分に価値がないとか、好きな人の本命になれるわけがないといった気持ちはありますか?

ア　言われてみれば、自分のことをずっとそんな風に思っていたような気がします。仕事だとわかりやすくがんばりが評価につながるけど、恋愛となるとどうしていいかわからなくて。自分に自信がないのかもしれません。

A　**自分は本命になるのがあたりまえだと思っていて、恋愛に安らぎや安定を求めている人は、まず不倫には足を踏み入れない**んです。何かの拍子で踏み入れたとしても、すぐに引き返しますし、仮に一度不倫しても繰り返すことはありません。

ア　そうですよね……。

A　だって、関係を公にできないし、みんなから祝福される未来はほぼ望めない。好きな人には毎日帰る家庭があって、基本的に休日も一緒に過ごせない、お泊まりもできない。相手の奥さんや子供に悪いと思うと同時に憎いようにも感じてしまう。相手を好きなら好きなほど耐え難い葛藤やストレスにさいなまれますよね。不倫の相談を受けることもありますが、他の恋愛相談とは明らかに違って10人中8、9人は泣いてしまうんです。店や他の人がいる場所でも、ですよ。心がギリギリまで追い詰められているんだなと感じます。

ア　はい……。

A　「私なんて」って思っている女性って、「このストレスが嫌だからやめよう」という方向になかなか行かない。**幸せっていう未知の状態よりも、よく知っている苦しみの方が安心だという部分もあったりして、同じことを繰り返してしまいがち**なんです。不倫じゃなくても、無理めな人を好きになりやすかったり、自分を大事にしてくれない人と付き合うことが多かったりする。**自分を一番魅力的だと思って大事にしてくれる人を探そうって発想になかなかなれません**。

ア　思い当たるふしがあります。

A　アカネさん！　私は、くやしい……！　アカネさんは結婚したいと思ってらっしゃるんですよね？　一生独身で自由に恋愛できればいいや、とか思っているわけではないんですよね？

ア　もちろん、結婚して幸せになりたいです！

A　結婚したくて、独身なのに、その貴重なときめきと時間を、こんな口の上手い既婚者で浪費してしまっているなんて……！　それでウキウキして恋愛気分が満たされてしまって、見つけるべき人を見つけられなくなってる。ああ、もったいない！　65歳にときめいてる場合じゃないですよ！

ア　そうですよね……。

A　でも、アカネさんが普通に自分を大事に思えるようになれば、もうそんな人どうでもいいやって思えるようになるんですけどね。「不倫だからやめなきゃ」って無理に抑えるとかではなく、その先

生のことも自然とどうでもよく思えます。

ア　ANNAさんの言うとおり、恋愛をする以前に、まずは自分自身が変わらなきゃですよね。

A　そう！　**〝DO（何をするか）〟じゃなくて〝BE（自分がどうあるか）〟の部分が動いた途端に恋愛が変わります**から。だからクリエイターの彼に小テストを試してみるなんて本当はすごく表面的なことで、それよりも、まずは自分のあり方を変えることが根本的な解決方法ですよ。

ア　何か自信を持てるコツとかあるんですか？

「私なんて」から自由になって、恋愛そして人生を変えていこう！

A　**自信なんて持たなくていい**んですよ。「自信を持とう」と思って持てるようなら誰も苦労しませんよね。

ア　うーん、ではいったいどうすれば……？

A　とても単純ですが、**自分の本心を知るだけでいいんです！**　そのためには、**普段から自分の心の動きを観察**します。たとえば「ワクワクしている」とか「モヤッとしている」とかに気づく。

ア　それだけでいいんですか？

A　それだけでいいんです。ただ、慣れるまでは難しく感じるかもしれません。だけど慣れてくれば、「私は今、とっさにショックから目をそらした」とか「私が今ムキになっているのは、彼の指摘が図星だったからだ」とかの、さらに深い心の機微にも気づ

けるようになってきます。

ア　なるほど。

A　アカネさんはこれまで「私は好きな人の本命になれるはずがない」という思いを、あまり自覚されていなかったんですよね？　でも、普段から本心を観るように心がけていれば、そういう奥深いところの思いも、だんだん自覚できるようになってくるはずです。

ア　そうなんですね。

A　**自分の本心を自覚できていないと、知らないうちにその思いに巻き込まれてしまうん**です。たとえば「好きな人の本命になれるはずがない」という思いを自覚できていないと、気づけば付き合うのは既婚者ばっかりとか、幸せになれる相手がいても気づかず素通り、などということが起こりやすくなります。アルコールなどの依存症や破滅的な生き方をしている人なんかは、自分の本心から逃げているために、かえってその思いに支配され、振り回されていることが多いんです。

ア　そうか……。私は今まで、「私なんて」っていう気持ちを自覚できていなかったから、それに支配されてきたんですね。

A　自覚できれば、その思いから自由になっていけますよ。ただし注意があります。**自分を決して**

裁かないでください。「あの人を嫌いだなんて思う私は性格が悪い。いいところを見なきゃ」のように、反射的に自分の感情を否定したり、修正しようとする人がすごく多いんです。だけど、いいとか悪いじゃなくて、「ここに鉛筆が3本ある」と観察するのと同じように「**私はあの人が嫌いだと感じている」とただ観察するのが重要なポイント**です。もし反射的に自分の感情を否定したとしても、「今、あの人が嫌いだって感じていることを否定しようとしたな」と、それも観察してください。

ア　私、こんなことを思っちゃダメとか、すぐ思ってしまいます。それも観察すればいいんですね。

A　最初は上手くいかないかもしれませんが、観察が習慣になれば、だんだん上達しますよ。ネガティブな思いを見ると、それが強化されてしまうと思っている人が多いんです。だけど、本当は逆。**裁かずに淡々と観察できると、不思議なことにネガティブな思いは消えてしまって、さわやかな気持ちになる**んですよ。

ア　私も「自分なんて」の支配から脱出して幸せになるために、自分の心を観察していきたいです。

A　そうですね。地道なことですけど、これを続けていけば、自由に恋愛や結婚ができるようになっていくはずですよ。アカネさんはきっと好きな人の一番になれますから！

ア　希望が持てました。ありがとうございます！

今回のまとめ

1

恋愛の進め方が
わからなくなったら、
小テストで彼の気持ちを
確認する。

2

彼に好かれないのは、
自分に魅力が「ない」のではなく
彼には魅力が
「わからない」だけ。
自分の魅力を
わかってくれる人を選ぼう。

3

幸せになれない**恋愛から**
卒業するには、
自分の**本心を観察し**、
とらわれから**自由**になろう。

ANNAさんの一言

アドバイスを
実践してどうか幸せに
なってほしい!

ポジティブ思考がよく推奨されていますが、テンションが上がって一時的には頑張れても、続かない人が多いようです。感情を明るく変換するのに疲れたり、ネガティブな自分をつい否定したりして本心を見失い、かえって苦しくなるのです。本当のポジティブは、ネガティブをそのまま見つめて消えたあとに生まれます。こうしたいから、する。こうなりたいから、なる。ただそれだけ。さわやかな心で生きる人生は、すっきりとシンプルです。

A SEQUEL

恋愛自己否定女子・アカネさんの後日談

ANNAさんのお話から、私にとって「自分を大事にすること」や「自分の軸で決めること」が、相手がいるいないに関わらず今までずっとできてこれず、かつすごく大事なことなのだろうなと思いました。

あれから結局、お話に出しておりました二人とはご縁が薄くなりました！　他に特にご縁のある方はまだおりません。

実家の家族が春頃に命に関わる大病をし、その際にいろいろと考えました。そして、仕事よりも何よりも私にとって大事な人たちのそばにいたいなぁという気持ちになり、良くも悪くも、東京にいる意味を見出せなくなってきました。仕事を続けていけるよう下準備を進め、秋頃には東京の家を引き払い、田舎に帰る予定です。

東京で得られたものも失ったものも大きく存在するなぁと感じています。東京で13年間暮らしましたが、本来の自分を知らず知らずのうちにすり減らして生きてきていたのではないだろうか？と思います。もちろん、東京へ出てみないと、そういう気持ちも湧いてこなかったです。

もう一度、自分の体の時間感覚を取り戻したり、本当に思っていることに素直になって、私にとって心地良いと思える、楽しいと思える生き方を模索し幸せに生きていきたいと思います。

CASE

特別編

ミキさん（[illegible]歳・仮名）

結婚して5年、長い恋愛期間を経て結婚した夫に愛情を持てなくなってしまったそう。何が彼女をそうさせたのか？　そして、冷めきった夫婦関係を改善するためにANNAさんがアドバイスした、思いもよらない方法とは……！？

11

ユリコさん（[illegible]歳・仮名）

一緒に暮らす大切な女性の恋人がいるユリコさん。いつどのように同性愛に目覚めたのかなど、多くの質問に答えていただきました。性的少数者への理解も深まっているように感じられる現代ですが、漠然とした不安も感じているのだとか……。

12

今回の相談者は出版社勤務の
ミキさん（38）
ちょっとビックリするくらいの
美人です
付き合いはじめてから
トータルで17年一緒にいる
夫のことなんですが…
全然好きじゃ
なくなっちゃって…
好きじゃないっていうかもう
嫌い？
憎い？
恨んでる？
顔も見たくない
っていうか
いなく
なれば
いいのに
わ
わかりました
とりあえず1回
聞きましょう

夫のココが嫌！ ラブラブだった夫婦が今は「一緒にいたくない」

ANNA ご結婚されてからのお悩みということですね。どういうご夫婦なんですか？

ミキ（以下ミ） 私も夫も同い年で38歳。元々専門学校の同級生です。付き合って12年目で結婚して、それから5年経つのでトータル17年ですね。3年前に女の子を出産して、3人家族です。

A お付き合いが長かったんですね。

ミ 恋人期間が長くて、籍を入れてからもあまり関係は変わりませんでした。大きく変わったのが出産後。彼はいつも仕事が忙しくて、夜遅く帰ってきたり、繁忙期には1週間くらい帰ってこなかったりするんです。それでも夫がお金を出してくれてるならいいのかもしれませんが、うちは収入が同じくらいなので支出も同額。そのうえ育児も家事も私が多くやっているから、

「え、あたし負担多くない?」って思ってしまって。仕事に復帰してしばらくの期間が一番キツかったです。

A　お仕事はいつ復帰されたんですか?

ミ　娘が生後6ヵ月のときです。保育園に預けて、完全復帰しました。ホルモンバランスの崩れなのか情緒不安定になって、夜動くことも多い仕事だったので辛くて……泣いてました。泣いて、辛いから助けてって夫に訴えたら、一応わかってくれて、育児とか家事をやれるときはやったりするんですけど、すぐ

忘れちゃうんです。

A　なるほど。

ミ　夫は掃除は気にならないみたいで全然やらないんです。そうするとこっちはイライラが募って、余裕がないからついキツく言ってしまって。夫は見た目は優しそうなんですけど……怒鳴るんです。DVまではいかないけど、カーッとなると抑えられない。結婚前からそうでした。

A　どういうことを怒鳴るんですか?

ミ　大したことじゃないんです。たとえば夕食を「先に食べて」と言うと、「なんで一緒に席につかないんだよ!!」とか。基本さみしがり屋なんで、かまってほしいみたい。あとは、触れてほしくないところに触れられると、変なスイッチが入ってキレちゃう。

A　感情が出るときに声も大きくなるということ?

ミ　そうです。

A　怒鳴るのは、頻度としてはどれくらいあるんですか?

ミ　月1回あるかないかくらいですかね。子供も3歳でわかるようになってきましたし、「次にまた怒鳴ったら出て行ってほしい」と話したら、最近は減りました。でも、改善する素振りを見せて、何も言わないと戻っちゃう、の繰り返しです。家事も負担が大きいし、愛情もなくなってきちゃって……。私も彼も子供はすごく可愛がってるんですけど、この子が大きくなって巣

立ってしまったら、え、二人になっちゃうの?って。今ですら二人でいるのが嫌なのに。

A　子供がいるからなんとかつながっているけど、子供がいなくなったら二人をつなぐものがなくなると。

ミ　そうです。二人きりの時間をどう過ごせばいいのか、想像もできません。基本的に私たちは趣味も違っていて、夫はミリタリーオタクですけど、私は舞台を観に行ったりしてる方が楽しいんです。最初は夫の顔がタイプで、子供を産むまでは、周りにも本当にラブラブだよねーって言われてたくらいでした。悪い部分があっても、それをカバーできるくらい好きだったんですけど、今は悪い部分ばかり見えてきちゃって……。

A　顔がタイプってだけで12年も付き合えるんですかね。波長が合ったり価値観が合ったり、一緒にいてラクじゃないと厳しくないですか?

ミ　一緒にいてラクっていうのはあったと思います。

A　でも今はラクじゃないんですか?　一緒にいて。

ミ　ラクじゃないです。いないとホッとする。一度、夫が海外出張に行ったときに、娘と2人で自由に楽しくいられて、すごく自分が解放された感じがしました。それで、夫の存在がこんなにストレスだったんだと気づいたんです。いなきゃいないで、相手に「やってよ」とか思わなくていいのもラクで。

A　ご主人にミキさんの気持ちは伝わってるんですかね?

ミ　伝わってるのかな……あ、でも、このあいだ酔っ払って帰ってきたときに、「俺もバカじゃないからさ、わかってるよ、言いたいことあったら言ってよ」とか言いはじめて、そのときは笑って終わったけど、不満があることは伝わってるのかもしれません。

離婚したくはないけれど……恋もない、尊敬もない

A　生活費は、折半なんですよね。金銭的にはご主人がいらっしゃる方がラクですか?

ミ　一人より絶対ラクですね。同じ口座に同じ額を入れてそこから家賃とか光熱費とか、子供

のお金とかを払ってて、残りのお金はそれぞれ好きに使います。娘もお父さんのことが大好きだし、家も買ったばかりでローンもあるので、離婚は考えてないです。

A　でも、恋心はもう消えちゃったんですね。

ミ　太ったのもあると思います。衰えていくし。キラキラがなくなっていくと、あれ、この人性格悪くない?って……。

A　言うつもりはまったくないんですけど、もしも私が「一度、夜の生活を行ってみてください」と言ったら、できます?

ミ　え……?　想像できない。……いや、やっぱり無理。無理無理無理。できません。

A　でも、ここからが人と人としてのスタートですよね。だって肉体的にはお互い衰える一方ですから。50、60歳になっていったら、あとはもう人間的な信頼とか、尊敬とかでつながるわけでしょう。

ミ　尊敬は、できていないかもしれないです。私、男の人を尊敬で好きにならないし、自分にないところを持ってる人に惹かれるんです。私は感情の起伏がそんなにないんですけど、彼は喜怒哀楽が激しくて、そこがいいと思ってました。だけど、それが今は怒鳴るっていう悪い方に出ちゃってて。彼のあまり考えないで動くところも、自分と逆だからいいと思っていたのに、結婚生活になると「考えてから動けよ!」って思っちゃう。考えないから、自由になるお金は全部使っちゃうし、ルーズだし、クレジットカードが止まったりもして、またイラッとしたり。

A　**結婚して何年も経てば恋心は薄れて当然ですけど、人間としての尊敬や信頼がないとちょっと厳しい**ですよね。でも共通の生活費はちゃんと出してくれているんですよね。

ミ　出さないときもありました。「はぁー、この人は将来のことを考えないんだ。不安じゃないんだ」って思っちゃって。お金の話になって、これにいくら使ってこうだから貯金全然ないよ、とか言っても、わかんないよ!って感じでキレちゃうんですよ。で、時間が経ったら忘れちゃうし。

A　ご主人にとってはどうでもいいことなんでしょうね。お金は何に使っているんですか?

ミ　多分食べてるんだと思う、太ってるのを見ると(笑)。ルーズなのは治らないとも思ってい

やせろよ
ソファー占領してんじゃねぇよ
食いすぎなんだよデブめ
太ったよね
やせた方がいいって
そうなんだよ
でもストレスで食っちゃうんだよねー

て。でも、怒鳴るのは許せない。怒鳴るのが一番嫌。冷めちゃうんです。すごく嫌なのが、お店で、店員の態度とかにキレること。

A　え、外でも？

ミ　外でもなんです。レストランで「あっちの席よりも、こっちの方が先に頼んだだろ！」みたいなことを言って、それが大っ嫌いだし、軽蔑の元になる。

A　尊敬どころではないですね。付き合ってるときからそれはあったんですよね。でも今は、冷めちゃう。顔が好きだったのに、今はデブのおじさんだから

許せない。

ミ　そう、デブのおじさんだから（笑）。でも、家族としてやってかなきゃいけないから、どうしようって感じです。

「心の中のツッコミ」が増えるほど気持ちは冷める

ミ　ちょっと前まで、この人が死んでも泣けないな、と思ってて……。この先好きになることはあるのかなぁ。感謝もないし、仲良くなりたい気持ちも特にないし、どうしたらいいのか、モヤ〜っとしています。今の我が家はシェアハウスみたいです。夫のことを見ないようにしてて顔とかも、見てないんです。

A　向こうもミキさんを見てないんですか？

ミ　向こうは見てるかも。見られてるけど私は目をそらしてる感じですかね。

A　直視したくないということですか？　顔も中身も。

ミ　そうですね。見るとイライラしちゃうから。憎しみみたいになっちゃってて。

A　お聞きしてると、今のミキさんの状態って、真綿で首を絞められているようなモヤーッとした不快感とか苦しさが、ずっと続いてる感じですね。別れたくないけど、仲良くするつもり

もない。

ミ　そうですね。

A　**「心の中のツッコミ」**と私は呼んでいるんですが、ご主人に対して**心の中だけでツッコんで本人に言えないことでいっぱい**ですよね。「あーあまた怒鳴ってるよ」とか「痩せろよ」とか。**「心の中のツッコミ」が増えれば増えるほど、心の距離はどんどん離れていくん**です。本当に仲のいいカップルとか夫婦って、「怒鳴んないでよ」とか「太ってるねー」とか思ったことを相手に言える、ツッコめるんですよ。**言える間はすごく信頼があって仲がいい**んです。

ミ　あー。なるほど。

A　でも、信頼がなくなってきて、どうせ言ったって怒るんだろうな、と思って「心の中のツッコミ」が増えてくると、気持ちがシラーッと冷めてくる。ミキさんもラブラブだった頃は、心の中のツッコミは少なかったはずですよ。

ミ　たしかに……そうでした。

「最低5回」……？ こんな単純なことで夫は変わる

A　お伝えしたいのが、**「人は変わる」**ということです。

ミ　はい。

A　単純ですけど、人って何回

も言えば結構変わるんですよ。ある専門家によると**「大人は最低5回言わないと変わらない」**と。子供は55回だそうです。つまり5回とか55回とか言わないうちに「この人は変わらない」って言うなってことだと思うんです。

ミ　へえー！（笑）

A　私自身、夫に10年以上前から「出したものをしまえ」「電車の中で足を組むな」って何度も言われていて、10年経った今、全部なおっています。

ミ　あ、ANNAさんが言われる側なんですか（笑）。

A　「なおさなきゃ！」って意識したわけじゃなくて、気がついたらなおってました。言われたその場でなおすと言いなりになっているみたいで悔しいから、シカトしたり不機嫌そうにしてるんですよ（笑）。だけど一人のときはちゃんと気をつけたりする。何回も言うのってすごく単純ですけど、ポタポタと落ちる水滴がいつか岩に穴を開けるみたいに、

言い続けてると人は変わる。

ミ　どのくらいのスパンで言ったらいいものなんですか？　言うとキレたりするんで。

A　その場合はスパンよりも、まず言い方が大事です。「片付けてって何回言えばわかるの！」とか「怒鳴るのやめてよ、バカじゃないの」とかの**感情的とか批判的、軽蔑したような言い方だと喧嘩になります**。別に明るくしたり機嫌をとる必要もなくて、淡々と「これ出したんだね。じゃあ、しまっておいてもらえる？」とか「もっと静かに話してくれると嬉しい」という**落ち着いた言い方をするといい**です。

ミ　いつも、かなり嫌味っぽく言っちゃってました。

少しずつ相手を変えていく本質的な解決策は●●すること

A　**人って「変わらなくていいよ」という思いを感じたときに変わる**んです。「お前はダメだから変われ！」と自分を否定するメッセージを感じると、変わったら自分が消えてしまいそうな恐れを感じる。すると無意識に自分を保とうとして、「変わるもんか」と意固地になってしまうんです。

ミ　逆効果なんですね。

A　言い方さえ気をつけていれば、あとは自分が言った回数だけカウントするつもりで淡々と言い続ければいいです。サブリミナル効果みたいなもので、じわじわ効いてきます。

ミ　掃除とかは、ちょっとずつ言うのは効果あると思うんですけど、怒鳴るのは……。このあいだ子供にも声を荒らげてて、すごく嫌でした。「最低！」と思ってしまいます。もう本当に嫌なんです。

A　怒鳴るのも、何度も言えば効果があると思いますよ。掃除に比べると、硬い岩でなかなか穴が開かないというだけで、無視していてもキレていても、ちゃんと聞こえていますから。

ミ　なるほど！　心がけてみます。

A　さて……ととのいました。いよいよ本質的な解決法をお伝えします。

ミ　はい！

A　本質的な解決法……それ

見ることからはじめましょう
夫の観察日記をつけてみる！
NOTE

は、ご主人を〝見る〟ことです。

ミ は、はい。

A まず、見てみる。しっかりと。今は彼から目をそらしていて、見えていても心の中であまり見ないようにしてますよね。だけど、この、対象を〝見る〟ってことがすごく大事です。**対象を見ることからしか、何もはじまらない。**

ミ はい。

「夫の観察日記」で夫婦関係が変わりはじめる

A ノートを用意して、例えば「お腹が段になっている」「髪がはねている」「赤いトレーナーを着ている」とか、見たことだけを書いてください。声は、手は、目は、足は、服は、服のシワは、唇のシワは。昆虫の観察日記みたいに、とにかく見たものをできるだけ細かく書いていきます。

ミ とりあえず外見のことなんですか?

A まずは、そうですね。今は外見も見られなくなってるじゃないですか。なんで見たくないかというと、心に何かが湧き上がるのを避けてるからだと思うんですよ。じゃあそのときに何が湧き上がるのかを見ないと、何も先に進めない。**現実の彼を見てみたとき、何が嫌なのか、どう感じるのかが、すごく大事**です。

ミ どう感じたかということは、これは忘れてはいけないな、って思う喧嘩をしたときにiPhoneのメモにメモってるんです。で、書けば書くほど嫌いになっていくっていうか。

A それは、後から自分の感情をまとめているから、〝見る〟とは違うんですよ。終わってから自分の気持ちを書くんじゃなくて、**どこがどうなっているか現実の対象を観察しながら書く。**書き方も「明るい表情」とかの印象でまとめるんじゃなくて、「口の両端が上がっている」とか、**具体的に、写生するように**書きます。

ミ なるほど、わかりました。

A 今は、ご主人のことをトータルの印象で捉えて、「嫌だ」「軽蔑」「太ったおじさん」という彼像が出来上がってます。過去の記憶や感情によってデフォルメしたイメージなので、実体からどんどん離れてしまっている。

ミ　あー。

A　夫婦関係改善のアドバイスといっても、彼を好きになれとも、ハグしろとも、感謝の言葉を言えとも言いません。ただ見て、ノートに見たままを書いてください。

ミ　はい。

心のモヤモヤが消える！ 大きく膨らんだ恨みを「分解」する方法

A　書いていくと、彼へのモヤモヤしたイメージが現実に置き換えられます。「分かる」っていうのは「分ける」ということで、語源が同じなんです。分解して、モワッとした像が現実のひとつ一つのパーツになっていくと、**「あれ？　私、何が嫌だったんだっけ？」って、心のモヤモヤも解体されて消えてしまう。**この「分解」は、私がモヤーッとしたときにやるんですけど、しまいには問題自体が消えてしまいます。

ミ　そうなんですね。

A　現実の彼を見て「わかる」と、地に足がついたところで彼のことについて考えたり、話すときも顔をそらしながらイメージと話すんじゃなくて、きちんと考え、対応できます。

ミ　観察日記は、いつ書けばいいですか…？　毎日？

A　そうですね。最初はできるだけ毎日書いてください。

ミ　書いたことによってもっと嫌いになったりしませんかね……。見ると、どうしても気持ちが出てきちゃいそうなんですけど。そうすると観察どころじゃなくなりそうで。

A　じゃあ、**ノートのページに縦に線を引いて、左は観察、右は気持ち、という風に、1対1対応で書きましょう。**実際の彼を直視したときにリアルタイムで湧き上がるものを書くんです。今は実物を見ていないので、右の感情だけになってると思うんですよ。チラッと見た姿に、いろんな想像とか妄想とか、過去の恨みとかがくっついてすごい大きくなって、左に対して右が50個くらいになっちゃってる。

ミ　はい。

A　実物を観察したら、今まで見ていなかった、ということに気づくかもしれないし、ちょっと想像と違ってた部分もあるかもしれない。**気づいたことがあったら、それも書き留めるといい**です。あと、もしできればですけど、見たときに「気持ち悪い」と感じたとしたら、何が気持ち悪いのかも観察して調べてみてください。それがお腹の肉なのか、笑った目のカーブなのか、カ行の発音なのか……分解して気持ち悪い原因を調べて、それも書いてみる。

ミ　やってみます。

A　観察日記、できそうですか？

ミ　はい、これならなんの抵抗もなくできます。

A　次に、怒鳴る人に効く、とっておきのやり方を説明しますね。

夫が一瞬で大人しくなる「怒鳴りノート」とは？

A　怒鳴ったりキレたりということがあったら、**「そんなになるっていうことは、あなたにとって大事なことなんだよね、ノートに書くからちょっと待って」**と言って、相手が言う不満をノートに書きとめるんです。急ぐ場合は手近な裏紙でもかまいません。言われたことを書いて、さらに「あとは？　何でも言って？　全部言って？　それだけ？　もうないの？」と前のめりなくらいに聞いて全部書く。それを毎回、怒ったりするたびにやるんです。そうすると、そのうち怒鳴らなくなるし、大人しくなるはずです。

ミ　へぇー！

A　怒鳴るだけじゃなくて、愚痴や小言、恨み言など、なんにでも効果があります。言う人は自分の感情を発散させてるんです。だけど言い分を書き残されることで、自分の発言に意識が向かう。**感情のかたまりのようになっている状態から、一歩引いた客観的な状態になって落ち着く**んです。

ミ　書こうとしたら余計怒りませんか？

A　怒るどころか、満更でもないようですよ。これを親の小言が嫌でたまらないという人に教えたところ「教わったとおりにしたら、気まずそうにニヤニヤして『また思い出したら言うから』と言って、行ってしまいました。その後も続けたところ小言の頻度が激減しました」という報告がありました。

ミ　確かに効果がありそうですね。

A　「あんたがバカなこと言うからメモってやるよ」じゃなくて、「大事なことだと思うからちょっと待って、私いつも忘れちゃうから」という感じで言えば、かえって「俺の言うことをこんなにちゃんと受け止めてくれるんだ」と嬉しいものです。

感情に支配されなくなる！観察日記と怒鳴りノートの効果的な使い方

ミ　書きとめてるときに、「あ、それが嫌だったんだね」みたいな同調とかは、した方がいいですか？

A　それは言わなくていいです。「『どうして一緒に夕食の席につかないんだ』だね。あとは？」という感じで確認するだけで。**心は入れなくていいので、とにかく言われた言葉を書く。**観察日記も、怒鳴りノートも、淡々と作業としてやりましょう。

ミ　作業。

A　作業、が大事です。そしてなんといっても、これでミキさんがラクになるんですよ。怒鳴られると、その大声とか乱暴な言葉を自分がダイレクトに受け止めるので、胸にウッと衝撃がきたり、ムカついたりして、すごいストレスになると思うんです。

ミ　ほんとに、すごいストレスです。

A　だけど、怒鳴られたら全部ノートに書くと決めておくと、**その衝撃は自分ではなくノートが受け止めてくれるから、ラク**です。彼が怒鳴っている最中も、書くことに意識が向かうので、今までより**冷静でいられて、感情に支配されなくなる**はずです。お互いが落ち着くので、これからずっと続けたらいいですよ。

ミ　やってみます。

A　きっといい変化を感じられるはずです。

ミ　はい、わかりました。今日ノートを買って帰ります！「ノートを用意したのに、いつ怒鳴るんだよ!!」と待ち遠しくなるかも(笑)。ありがとうございました。

何かが変わってくると思いますよー
観察ノートと怒鳴りノート今日2冊買って帰りますー！

今回のまとめ

1

最低5回は言わないと
人は変わらない。
変えてほしいところは
根気よく言い続けるべし。

2

夫を直視してみよう！
夫の観察日記をつけてみる。

3

怒鳴る相手には、
相手の**言い分をノートに書く**ことで、
相手も自分も落ち着く。

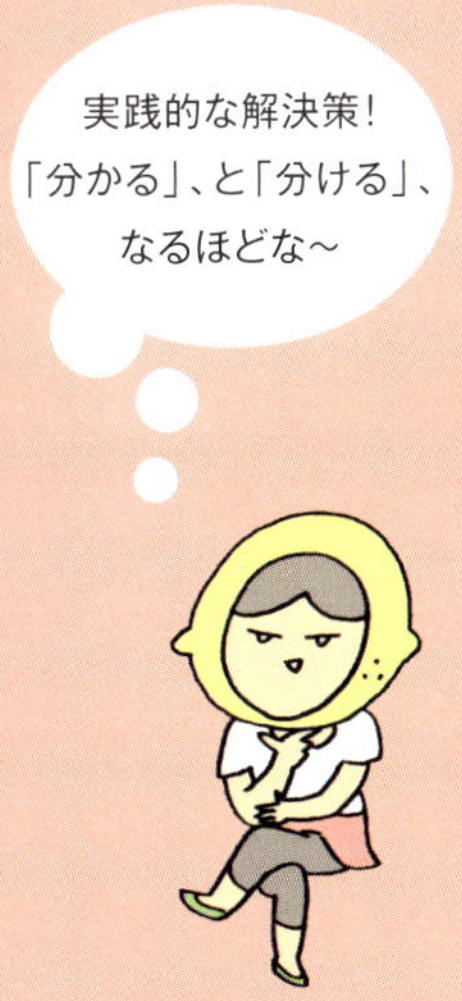

ANNAさんの一言

私たちは対象を見ているようで、その実、自分の記憶やイメージを見ています。対象が人でもモノでも同じです。人生をもわっとしたイメージにしたがって生きる人ほど、頭の中と現実とが食い違います。すると人生に思いもよらないことが多く起こり、思い通りにならないことが増えるでしょう。思い通りの人生を生きるには、対象も自分の心も、観察し、分ける。分解することです。すると、分かり、ストレスが軽減されていくでしょう。

今回お話を聞くのは同性愛者
のユリコさん(45)
おだやかで優しそうな女性
らしい雰囲気の方です

自覚したきっかけは、好きな女性からの告白

ANNA 恋愛対象はずっと女性なんですか？

ユリコ（以下ユ） いえ、昔は男性と付き合ったりもしてたんです。はっきり気づいたのは大学生のとき。女性から告白されたのをきっかけに、その子のことが忘れられなくなって。これが強い恋愛感情なんだ、と思ったのが最初ですね。でも**小さい頃から、幼稚園の先生とか学校の先生とか、好きになるのは女性**でした。

A 男性とのお付き合いもあったんですか？

ユ 大学のときに、ありました。男性と付き合うのがあたりまえだと思っていましたし。結構長く、7年くらい付き合ってた男性がいました。でも女性のことが好きになったりもするので、みんな男性も女性も好きになれるものだと思ってた。そのうちに、女性が好きなのって変なんだ……、自分が異常なのかなと思うようになって、告白してくれた女の子にもビックリしちゃって。すごく好きだったのに、女性を好きになっちゃいけないという気持ちがあって、付き合えないって言っちゃったんです。

A 好きなのに、断っちゃったんですか？

ユ はい。**女性と付き合ったこ**

好きになるのはいつも女性だったんですけど
せんせー!
それが恋愛感情だという自覚はずっとなかったんです

好き 彼氏と別れるから付き合って
え!?
えっ あ
あの ごめん 付き合えないっ!!

とがなかったのでどう付き合うのかわからないし。でも、女性と手をつなぐとかキスしたりっていう夢はちょいちょい見てましたね。

A その告白してきた女性は、ユリコさんが同性愛者だとは言ってないのに告白したんですね。勇気がありますよね。

ユ はい、でも私にかなり好意を持たれてるっていうのは気づいてたと思います。好きとは言わないけど、優しくしたりとか、なにかと誘ったりしてたんですよね。それで、向こうから告白されたんですけど、言われた瞬間に「わ、どうしよう」と思っちゃって。

A その相手の方は、女性を好きな方なんですか?

ユ いえ、今は男性と結婚してるし、そのときも男性と付き合ってて、「彼氏と別れるから付き合って」と言われました。男の人を好きなんだけど**レズビアンに会って、男性にはない、自分を解放してくれる存在だって感じて好きになる。そういう女性って結構いる**んですよ。そっちに行く人もいれば、また男性に戻る人もいますけど。

A ちょっと気持ちはわかります。私は男性としか付き合ったことはないんですけど……でも、昔、キレイで憧れている女の先輩がいて、いつも目で追ってました。話をするときはドキドキして、その後は一日中うっとりして。当時、もしその人から二人で会おうって言われて、手を

つながれたりチューされたりしたら、ポーッとなっちゃって絶対断れませんでしたね。それで先輩と関係を持ったら、私はバイセクシャルってことになるんですかね? だとしたら、私にはたまたまそういう機会がなかっただけかも。だって**男とか女とかじゃなくて「その人」が好き**なんだから。男でも好きになれない人はいっぱいいるし、女でも素敵な人はいっぱいいる。素敵な人にせまられたら嬉しいし、断れないだろうなと思います。

ユ そういう想像ができるってことは素質があるんだと思います(笑)。本当にダメな人は想像もできないんですって。キスとか絶対想像できないって言うんですよね。

A でも、すっごい無理な、生理的に受け付けない男性と好みの女性だったら、絶対女性の方がいいですよね(笑)。それはみんなそうじゃない? 普通の女の子だって、よく女性芸能人に憧れたりしてるじゃないですか。それでも無理だ、好みじゃなくても男性がいいって言う人が本当にダメな人なんでしょうね。

ユ あはは(笑)。私は好みじゃない女性と、好みじゃない男性なら、好みじゃない女性の方がいいですけどね。

A ああ、さすがですね(笑)。男性の方が、どんなにキレイな顔してようが男は絶対無理!っていう人が多いんですよね。女性は結構、嫌いな男性より好みの女性の方がいいっていう人が多

いみたいです。ちなみに芸人のカズレーザーは**人類皆バイセクシャルだ**って断言してましたけど、それは真実だろうと思ってます(笑)。みんな、たまたま機会がなくて気づかないだけで。

男性とも付き合ったけれど、執着するのは女性だけ

A　これまでの恋愛遍歴というか、歴史をお聞きしたいんですけど、7年お付き合いされてた男性にときめきはなかったんですか？

ユ　んー、どうなんだろうな。気がついたらいっつも自分のそばにいて、気がついたら付き合ってた感じでした。告白されたつもりもなく、スーッと付き合っちゃってて。でもその子がすごい美形だったんですよ。女の子よりもキレイな感じで、そういう男性っぽさが薄いっていうのはあったかも。

A　男性ホルモンが濃そうな人は苦手ですか？

ユ　はい、それはあると思います。小さいときから、お父さんが抱っこしようとするのを嫌がってたらしいから。でも小学生になっても自覚はなかった。大学まではサッカー部の先輩が好き！と言う同級生の気持ちが全然わかりませんでしたね。多分好きな女の子には執着してずっと目で追ったり、気に留めてほしくて物をわざと落として注意を引いたりとかはしてたんですけど、友達になりたい感情と区別がついていなくて。ハッキリしたのはやっぱり告白されてからで、そこで初めて鮮烈に好きだと気づかされました。

A　でも断っちゃったんですよね。

ユ　そう、付き合い方がわから

ないから。でもその後、その子と外見がソックリな子と付き合ったんですよ。それが初めての彼女です。その子と4年、次の子が10年近く、で今はまだ1年ちょっとですけど。ちゃんと付き合った女性はその3人です。

A　男性と関係を持つのは嫌ではなかったんですか?

ユ　**最初は男性としか付き合ったことなかったので、そういうもんかと思ってて、嫌ではなかった**です。でも自分から積極的にしたいとは思わないですね。

A　男性はもういいやって感じですか?

ユ　う〜ん、別に男性に拒絶反応があるわけではないんだけど、気持ちが続かないんですよね。**執着がないし、ときめかないし、テンションが上がらない**。女性だったらそこまで好みじゃなくても興味を持てたりするんですけど。

A　最初に女性と付き合う時って、0が1になるような決定的な変化があると思うんですけど、どんな感じでしたか?

ユ　最初は、初恋の人に似てるからという理由で好きになって、でも全然振り向いてくれなくて、半年くらいがんばった。**新宿2丁目で出会った**んですけど、彼女はバイセクシャルで、私より小さい頃から女性を好きだという自覚のある人でした。**女性との付き合いがなってないって随分怒られましたね(笑)**。

A　え、特有の作法みたいなも

のがあるんですか?

ユ　たとえば学校とか会社で仲良くなる女の子は女友達なので、相手のことをきちんと気遣うことができる、とても優しい関係。だけど多くの女性は、付き合うってなった瞬間に私に男を求めるんですよね。私はどちらかというと思考回路が男性的なので、女性的な考え方の人に頼られたり好かれたりすることが多いんです。とはいえ、本気で男を求められると、受け止めきれず困ってしまうことが多々あるんですよ。それで、世の中の男性はこんなに大変なのか、と思い知りました。さらにバイセクシャルはめんどくさいですよ。私が**男といても女といても嫉妬する**し、男を求める一方でお母さん的な役割も求められて。まあ、その子がワガママだっただけなのかもしれないですけど(笑)。

A　でも4年も続いたんですね。長いですよね。

ユ　うん、がんばりました。で、その次は10年弱……私としては身を固めようというような気持ちで付き合ってて。前の人とは真逆の、私をサポートしてくれるタイプのおしとやかな人で。でもだんだんかかあ天下みたいになってきて、家に帰りたくなくなったり。

A　すごい男の人っぽいエピソードですね。

ユ　そう、**男の人とそういう話になるとめちゃくちゃ気持ちがわかるし盛り上がっちゃうんで**

すよね。その元カノは、元々結婚してたんだけど私と付き合ったのをきっかけに離婚したとあとで聞きました。彼女もカテゴリ的にはバイセクシャルだと思いますけど、今も女性と付き合ってるそうです。

A 今でも話をするんですか？　女性同士って、別れたあとにまったく会わない、とはならないんですね。

ユ 私はならないですね。付き合っている間は傷つけあったりもするけど、**何年も一緒にいると、もう親友**なので。別れてから5年くらいフリーの時期があったんですけど、嫌なことがあったときとかに彼女の家に泊めてもらって、ご飯作ってもらったりして。泊まっても恋人同士的なことは何もしないんですよ。そうやって適度に距離が保てていると優しいんですよね。で、その元カノが新しい彼女作りなよって言ってくれて掲示板にプロフィールを載せてくれたりして、そこで今の彼女と付き合うことになったんです。

A 掲示板ですか。

ユ すごく成約率が高いところがあって。やっぱり**普通に生活してると誰がレズビアンかバイセクシャルかとかわからない**ですよね。今はそこで出会った彼女と一緒に暮らしていて、この人と添い遂げられればいいなって思ってます。

ずっとフリーじゃん
いい加減次の恋人作りなよ
…もう恋愛コリゴリなんだよー
…ゴメンね私のせいで
ホラ掲示板にプロフィール載っけてあげるからさ

レズの男性役でも、心はめっちゃ乙女……!?

A 男性の同性愛者から聞いたんですけど、男性の同性愛は、性的に能動的でガツガツしている同士だからすぐ肉体関係になるんだと。そのあたり女性はどうなんですか？

ユ あー。**女性の方がやっぱり心を重視してる**と思います。**女性より男性の方が、誰とでもする。** 10年付き合ってる彼氏はすごく大事だけど、肉体的なことは別、って言ってハッテン場に行って誰とでもしちゃう、みたいなのは聞きますよね。

A　男女のカップルの男性の方と行動パターンが似てますね。奥さんがいるけど浮気する、海外に行けば風俗に行く、みたいな。

今の彼女は男性と結婚してたけど別れて女性を探してた人で
その掲示板で半年くらいメールのやり取りしてから付き合いました

ユ　だってモテるゲイの男の子って大体、今まで相手したの1000人以上って言ってますもん。そういうのが大好きなんですよね、男の人って。女性でも100人斬りとかって自慢してる人もいるんですけど、私はやっぱり相手が男性でも女性でも、そういう心のない関係を持つと自分が傷ついてしまうので……そこは女性なんだと思う。相手が女性でも関係ないですね。

A　ユリコさんは女性が好きな女性なんですね。肉体は女だけど心は男で生まれてきた、とかじゃなくて、女性として女性を好きなんですね。

ユ　そうです。割と女性に接するときに男の気分だったりするんですよ。エスコートとかしますし。でも、よく出る話題なんですけど、**究極の話、じゃあ手術を受けてまで男性器つけたいって思う？って言ったときに、「やだ！」って言う人は、まあ、女性なんです**よ。

A　ほう。

ユ　そこを越えたら性同一性障害なんだろうけど、**大体誰の中にも男の部分と女の部分とあって、ちょっと男っぽい部分が出てるだけ**だと思うんですよ。そうするとやっぱりカテゴリとしては私は女性かなと。見た目が短髪で、女子トイレに入るのに違和感があるくらいの風貌《ふうぼう》でも、レズビアンの中でも男っぽいって言われる人でも、話してるとすっごい女の子だなー、めっちゃ乙女だなって思う子が多いですね。

カムアウトしたいけれど怖い……揺れる気持ち

A　ご家族には言っているんですか？

ユ　あ、言ってます。最初に女性と付き合ったときに言ったらすごいビックリされて。勘当！って言われて家を出ましたけど、今は大丈夫になりました。時間が経つと親も慣れるみたいで。

A 会社ではカミングアウトされてるんですか?

ユ 会社ではあえて言わないですね。今度転職するんですけど、無防備にカムアウトすると足を引っ張る人とか、面白がって変に噂する人とかがいて、嫌な思いをしてきてるから、話さないです。

A そういう状況での悩みとか不満はないですか?

ユ 私はすごくオープンにしたいし彼女もそう思っているので、**きちんと夫婦として認めてもらいたい**っていうのはあります。会社でも家族同伴でパーティとかがあっても連れていけないし、家族手当みたいなのもないし。会社でも「ユリコさんは扶養する人いないからいいよね、独身貴族じゃん」みたいなこと言われると、違うんだけどな、と思いつつ反論できないとか、そういうのは本当に山ほどありますよね。もう慣れちゃったけど。

A 彼女を扶養してらっしゃるんですか?

ユ してますね。はぐらかして、付き合ってる人はいるけどその人に収入はなくて、とか言うと「よくそんなヒモみたいな、女みたいな男と付き合ってるな」みたいに言われちゃって、「いや女なんですけどね」と内心思いながら。

A 公にできないし、したらしたで、いろいろ言われるっていうのはありそうですよね。

ユ そこは同性愛のカップルみんなが思ってるところかな。カムアウトしている友達もいるけど、こういうときっと理解できないんだろうなとカムアウトしていない友達もいっぱいいるし。うちの親もなんだかんだ言って認めてはくれてるけど、彼女を連れて帰るとどう対応していいかわからないみたいでちょっとぎくしゃくします。彼女のお父さんも私たちのことを多分認めてないし。**家同士の関係になれないっていうのは普通の夫婦とは違います**よね。

A 時代は変わってきたと言われますけど……。

ユ やっぱり変わってないですよ。LGBTって話題になったり、そういうイベントもやったりしてるけど、じゃあ本当にカップルとして夫婦として生きていけるかっていうところは、日本は変わらないと思う。会社に普通に奥さんを連れてきたり、子供も連れてきたりしてる人を見ると、ああいいな、自分も

あんな風にしてみたいなっていうのはすごく思いますけどね。

A　堂々とするつもりはもうないんですか？

ユ　堂々と……したいですけどね。親を傷つけてしまったこととか、仲が良かった友達にカムアウトしたら連絡がパッタリ取れなくなったこともあるんですよね。そういうのでちょっとずつ自分の中に傷が増えていくので……後悔みたいなのもあるし。言ってなければ仲良くいられたのかな、寂しいなっていう。

A　でも言わないなら言わないで、本当の自分は違うのに、っていう気持ちもありますよね。

ユ　1000人友達がいるとして、全員にカムアウトしたら何人いなくなるんだろうと思うと、何事もなかったように今までどおりにしてるのがいいって思う。本当に深い友達は、言っても変わらず毎年会ってるし、子供も抱っこさせてくれるけど、ちゃんと線を引く人もいるので……そこは辛いところでもありますけど。そういうときに、パートナーが男性だったらこんなことはないんだよね、って考えちゃう。でも男性と結婚するのは無理なんだよね。セックスしなくても、家に帰ってこなくても大丈夫って言ってくれる人とならもしかしたらできるかもしれないけど。

A　それはもう、偽装結婚みたいな……。

ユ　それが結構いるんですよ。**レズビアンで、旦那さんにカムアウトしないで、セックスレスで、彼女がいて、でも旦那さんと仲良くはやってますっていう人。**偽装とはまた違ってこれで普通の夫婦ですって人。

A　もし友人が1000人いて、カムアウトして300人になったら、それは嫌なんですか？　漉し器で漉されたみたいに本物の300人が残るとは思えないですか？

ユ　一生付き合ってく、絶対に揺るぎない友達っていうのは10人もいないくらいで、その人たちがいればいいとも思うんだけど、一方で、めちゃくちゃ仲が良いと思ってる人から拒絶されたときのショックが大きくて。

A　私だったら言っちゃうかなって思うんですよ。だって、それが自分だから。

ユ　たとえば私がアーティストとかだったら、レズビアンっていうのが作品に出て個性として肯定的に見てもらえるんでしょうけど、普通の仕事なので……。

A　言うべきか言わざるべきかっていうのは、簡単には答えが出ないですよね。私はマイノリティとかそういう垣根は取れていったらいいなと思ってて。だって**人に迷惑をかけなければ自由**じゃないですか。逆に置き換えると、私が男性をいいなって思う気持ちが否定されるのと同じですよね。あの男の人いいなって言った途端に友人から連絡が来なくなる、ってことでしょう? 男の人が好きなのは自分のせいじゃないのに、そういうのが何十年続いてると思ったら……。自然に生きていて、そんな風に対応されるなんて、そんなことなくなればいいなって思います。みんなが自由にそれぞれでいいじゃんって。

ユ　真面目に話すと重い話になりがちなんですけど、**女性が好きっていうのは自分にとっては普通のこと**なんですよね。

A　人口の1割はLGBTだという記事を見たことがありますし、2013年の日本の統計だと、男性の同性愛者は約5%で、女性は約7%だって。女性の方がいるんかい!と思ったんです。

ユ　え、そんなにいるんですか!? でも探すの大変だ(笑)。レズビアンって見た目じゃ全然わからないんで。私も言われないですし。会社とかでは男性と女性の接し方変えたりしないんで。

A　でもたとえば女性同士でも憧れがあったり、男性同士でもスポーツとか仕事とかで、すごい絆で結ばれてたり、精神的にはもうほとんど恋じゃない? みたいなもので体の関係がないだけとか、そういうグレーな、分類できないようなものも数えていったら、異性愛と同性愛の境目なんてないような感じがしますよね。だからほんとカズレーザー正しいな、みんなバイだな、って(笑)。**肉体関係がないのも運とか偶然にもよる**と思うし。今は知らないだけで、たまたま踏み込んだら異性よりもすごく良かったって思う人だって、いっぱいいるだろうと思う。

ユ　そうですね。きっかけがあるかないかも大きいと思います。私も大学のときに告白されてなかったら、ちゃんと自覚しないまま、ちょっと女の子を好きなのも普通なのかなと思いながら男性と付き合ってたかもしれなかった。

日本では、同性のパートナーとは“家族”になれない

A　将来について不安になったりしますか？

ユ　不安ですね、お墓に入るときどうなるのかなとか。**一番は、事故で相手が救急車で運ばれたときに、自分が家族と名乗れるのか。**家族ではないということで病室へ入れなかったり、病状を教えてもらえないなんてありえないです。多分それでゲイカップルたちは結婚を認めてほしいと思ってるんだと思う。男女の夫婦と同じように、相手の人生に責任を持ってるつもりだけど、それが世の中から認められない。**愛する人なのに家族になれない。**私がもし早く死んだら、うちの親は彼女をフォローしてくれないだろうなと。私も相手の親からは何もしてもらえないって思ってるし。子供が欲しいですけど作れないので、誰にどう遺言残しておくんだろうとかも思いますしね。

A　里親になるとか……？

ユ　うん、でもやっぱり自分の子供が欲しいんですよね。だから作るとしたら、私の卵子を彼女の中に入れて精子提供してもらってとか。でもそれでも未婚の母になりますけど。

A　そっか。ストレートの人にはあたりまえのことが全然あたりまえじゃないんですね。好きで一生一緒にいたいから籍を入れるとか子供を作るっていう、それだけのこともできない。

ユ　そうですね。だから海外に行くとかしかないのかな、最終的には。日本の感覚が変わることなんて永遠にないんじゃないかと思ってしまう。ＬＧＢＴっていうのもただの流行りものな感じだし。まあ前よりも自殺する人は減ったと思うけど……でも**異性愛があたりまえの世の中で、自分が異常だ、先がないと思いつめて自殺する気持ちはわかります。**自分が少数派だからといって、何を失うの？って話だけど。

A　印象としては、失うものはごっそりと、大きいけれど軽い綿みたいなもので、得るものは宝石みたいなものじゃないでしょうか。かさは減っても、得るものの質はダイヤみたいなものだと思うんですよね。

ユ　そうかもしれないですね……会社にオープンにすることを考えると、社会的に大きなものを失いそうだとか、どうしても怖い方が先にきちゃいますけどね。

A　会社でみんなに言う必要とかはないと思うんですよね。まずはわかってほしい人だけに言ったらいいと思うんですよ。

ユ　そういう意味では、古い友達とかには徐々に言ってますね。

A　そういうのでいいと思います。どうでもいい人はどうでもいいし、どうでも良くない人にさえわかればいいから。残るのは宝石みたいな人だけなのでは。

ユ　そうですね。

同性愛を拒絶する人は、わからないものが怖いだけ

A　みんな同性愛について知らないだけだと思うんですよ。**わからないものって怖い**じゃないですか。でも、その連絡が取れなくなった友人も、今日ここにいて全部話を聞いてたら、私何が嫌なんだったっけ？　ってなると思いますよ。普通じゃないから、なんだかよくわからないから怖い。漠然となんか怖い。**ただ知ってるか知らないかだけ**だと思うんですよね。

ユ　でも、激しく同性愛者を嫌う人っていますよね。世の中から抹殺したいって思う人たち。

A　まあいますよね。海外の方が宗教も絡んでいたりして拒絶や排斥《はいせき》が激しいですよね。日本は何にしてもあまり意見がない傾向がある。でも昔は今はオネエタレントもすごく増えているし、そうやって見慣れてくれれば、だんだん普通に思えるようになってくるんじゃないかな。牧村朝子さんの『百合のリアル』という本に、**「同性愛者への嫌悪感は、相手じゃなくて、自分の中の同性愛のイメージに向けられている」**ということが書いてあって、本当にそうだなと思って。

ユ　それはわかりますね。私も

女性から告白されて拒絶しちゃったのってそれですもん。しちゃいけないことをしようとしている、親から怒られる、そういうイメージで拒絶しちゃったんだと思う。

Ａ　相手が好きな人なのに、ですからね。牧村さんは、同性愛者であることをオープンにしたら「実は自分も○○なんです」と、隠していた本音を告白してくれる人がたくさん現れたらしくて、むしろ世界が広がったみたいです。

ユ　まあみんないろいろと……本当の自分を隠して生きてるんだろうな。

Ａ　そうですね。同性愛に限らず、**本当に自分を全部出してる人ってどれだけいるんだって話**ですよね。

ユ　私も最初に女性と付き合いだしたときに親にも言ったしまわりにいた人とかにも言ったけど、すごい自分が解放された感じがあったんですよ。本来の自分を手に入れたみたいな。

Ａ　そうでしょうね。私は究極のところ、人がどう思ってもどうでもいいと思うんです。どんな人でも支持者がゼロってことはないし、逆にどれだけ必死に人に合わせたって、全員から支持されるなんてありえない。だったら人がどう思うかなんて気に留めずに生きればいいと思ってて。人に迷惑をかけていないなら個人の嗜好なんだし、**「カレーが好きです」って言って「なんで焼きそばじゃないんだ！　勘当だ！」と言われるみたいな、極端に言えばそういう理不尽さを感じる**んですよね。

ユ　そうですね、昔は私も自分にウソをつくのは嫌だなって思ってて、オープンにしたけど……。自分も傷ついたし、親も相当ダメージ受けてましたからね。家を出て3年くらい会わなくて、久しぶりに戻ったときに白髪だらけになってて……申し訳ないなって思って。当時はＬＧＢＴって言葉もなかったので、親としては「育て

方を間違えた！」って思ったらしくて。親同士で「お前が悪い」ってなったみたいで。そういう時代なんですよね。

A　間違いになっちゃうんだ。そうじゃない風に捉えてほしいですよね。まあ**生物は種の保存を目指しているから、子供を作れない同性愛にはどうしても本能的な抵抗感を持ってしまう**ということもあるのかも。だけど古代ギリシャでは、ソクラテスとかの賢人はみんな同性愛者で、生殖を伴う異性愛よりも、男性同士の恋愛こそが精神性の高い価値のあるつながりだ、ということだったそうですよ。

ユ　たしかに知り合いの同性愛者の男性は頭がいい人が多いですね。仕事でも引っ張りだこみたいです。

A　カムアウトするときに牧村朝子さんは、「私はレズビアンです」ではなくて、「私は彼女を愛しています。幸せです、生み育ててくれてありがとう」とご両親に伝えたらしいです。それから結婚する女性を連れて行くまでに、ご両親が同性愛について本を読み込んで勉強してくれて、ごちそうを用意して相手の女性を受け入れてくれたらしいです。

ユ　それは嬉しいですね。

A　だから「こういう性癖です、嗜好《しこう》です」というのではなく、**「こんなに大事に思える人に出会えました」というのを伝えた**のもポイントかなと。

ユ　あー、なるほど。そういう意

私は女性が好きです
レズビアンです
こんなに愛する人に出会えました
ありがとう

味では、母は「一生一人で暮らしていくよりも、そうやって寄り添ってくれる人がいてそれで幸せなら、ユリコは結局男性を好きにはならないのだから、それがいいのかな」と言ってはくれています。父はあまり理解できないみたいだけど、今までの彼女を全員会わせてて、今回が一番いい、女を見る目ができたなとは言ってくれました。

A　お父さんの愛を感じますね。葛藤しながらもなんとか理解しようとしてくれてるんですね。

ユ　そうですね。兄弟親戚に私のこと言えないのとかも辛いだろうし。

A　同性愛への嫌悪感や拒絶感の根本には知らないってことがあると思うので、この対談が知ってもらえる一助になることを切に願っています。

今回のまとめ

1 **男性とも**付き合えるが**執着は持てない。**

2 日本では、**同性の夫婦**は家族としての権利を得られないため、**将来への不安**がある。

3 同性愛に目覚めるかどうかは**運や偶然もある。**

4 カムアウトしたい気持ちもあるが、**社会的なリスクも伴う**ため、ためらいがある。

少しずつ社会が
変わっていけば
いいなと思います。

ANNAさんの一言

女性の同性愛者にしっかりとインタビューするのは初めてでした。ことさらに特別視する気もなく、そういう人もいるんだな、とそのまま理解したいです。ほとんどの人は未知の物事について、オドオドと「私、○○なの。変だよね」と言われると、受け入れにくいものですが、にっこり普通に「私、○○なの」と言われたら受け入れられたりすることがあります。何かを人に伝えたいなら、まず自分の中のモヤモヤをクリアにすることが近道です。

ON A FINAL NOTE

おわりに

この本に掲載されている相談者に会うときには、毎回、事前に伝えられていた大まかな相談内容を元に、ざっくりと回答を考えてから出向いていました。

　しかし、いざ相談がはじまると、話は必ずまったく予想していなかった方向へ進んでいき、準備した回答など色あせた化石になって、いっさい出番がなかったのでした。目の前のその人の話に集中すると、本当に大事なのは、その個別の相談内容への対策ではなく、もっと深いところにある普遍的なものだと感じるのです。

　だから、もしもあなたが「○○女子」というタイトルだけを見て、「私には関係ないな」とスルーしている相談があるならば、タイトルにとらわれずに、ぜひ漫画にだけでも目を通してみていただきたい。あなたに関係ない相談なんてないと思うから。

　私は「正直＝誠実」だと思っています。

　元来人見知りで、人付き合いも不器用な私ですが、特に、大事な人やちゃんと付き合いたい人とは、せめて、できるだけ本音、腹の声で接しているつもりです。だって、本音ではなく、嘘とか、取り繕ったことを話すなら、どうしてわざわざ時間やエネルギーを使ってまで、その人と話したり会ったりする必要があるのでしょう？

嫌われたくないから、自分の輪郭も消す。

それって、相手と話した、関わった、って言えるのかな？

それって、いったい「だれ」が「だれ」と、話しているのかな？

（……とはいえ、本音で接するというのは、ただ「思いつきの感情をぶつける」「思ったことを全部垂れ流す」とかではなく、誠実であることを忘れてはなりません。伝えること、伝えないこと、伝え方、などのバランス感覚を養っていく必要はあります）

私はこの本の相談者たちに、できるだけ本音でお話ししたつもりです。

腹と腹で話そう。腹と腹で仲良くしよう。私とあなたも。

また、漫画を描いてくれたのが、私の話の素晴らしい理解者である、はるな檸檬さんで本当によかった。

表現が的確で、それどころか補足されていたり、絵による説明が私の話を上回っていて、「なるほど～」といつも感心しました。あと、絵が面白くて、たびたび笑ってしまいました。

こんな方とタッグを組めた幸運に感謝です。

それでは、恋愛迷子のあなたも、恋愛迷子ではないあなたも、またお会いしましょう。

2017.6 ANNA

恋愛迷子に贈る

しあわせのコンパス

デザイン　COSTA MESSA
協力　EDIST. 編集部（株式会社enish）
校正　玄冬書林
編集　青柳有紀＋八代真依（ワニブックス）

【出典・参考文献】

『愛を伝える5つの方法』いのちのことば社
著:ゲーリー・チャップマン
『本当に好きな人とずーっと幸せになる本』廣済堂出版
著:ANNA
『百合のリアル』講談社
著:牧村朝子

著者　ANNA
　　　はるな檸檬

2017年7月25日　初版発行

発行者　横内正昭

発行所　株式会社ワニブックス
〒150-8482
東京都渋谷区恵比寿4-4-9　えびす大黑ビル
電話　03-5449-2711（代表）
　　　03-5449-2716（編集部）
ワニブックスHP　http://www.wani.co.jp/
WANI BOOKOUT　http://www.wanibookout.com/

印刷所　凸版印刷
DTP　オノ・エーワン
製本所　ナショナル製本

※本書は、下記WEBサイトで掲載された記事を加筆修正しまとめたものです。
○P7～P170:「EDIST.WEB MAGAZINE」の「恋愛研究者ANNA×漫画家はるな檸檬の本音でビシッと恋愛相談」（2015年11月～2016年9月）
○P173～186:書き下ろし
○P187～P213:「WANIBOOKOUT」の「恋愛迷子に贈る　しあわせのコンパス」（2017年2月～5月）
※相談者の名前は仮名となっております。

ISBN 978-4-8470-9585-6